W0313979

Au menu de ma vie

ÉMILE JUNG

Au menu de ma vie

En collaboration
avec Rolland Boehler

LA NUÉE BLEUE

© La Nuée Bleue / DNA, Strasbourg, 2001
ISBN 2-7165-0551-9
Tous droits de reproduction réservés

CHAPITRE I

Qu'elle était belle ma vallée

Masevaux, petite ville heureuse, le paradis de mon enfance, au cœur d'une paisible vallée vosgienne. C'est là, au bord de la Doller, que la vie m'a invité à sa table. Une table généreuse, chaleureuse, dont le menu, jour après jour, m'a donné et me donne encore les plus belles émotions.

C'était le 2 avril de l'année 1941. Précédé par une sœur jumelle, Monique, je donnai à mon père sa plus grande fierté en poussant mon premier cri : enfin un garçon ! Une fille, Annette, égayait déjà son quotidien et j'avais pris la délicatesse de pousser sa deuxième, histoire de lui donner quelques sueurs supplémentaires à celles de ses fourneaux, à pointer son sourire avant le mien. Ma mère, soulagée d'une lourde maternité, puisait dans l'euphorie maritale de quoi se ressourcer. Car le repos serait très court, l'animation de l'hostellerie familiale ne pouvant souffrir aucune défaillance.

Solidement dressée rue du Maréchal-Foch, l'auberge accueillait les clients avec simplicité, comme à la maison. Du voisin qui fêtait un anniversaire au voyageur de commerce qui s'octroyait une pause gourmande, du bourgeois respecté qui flattait son palais à l'ouvrier gourmand. Leurs sens s'éveillaient en toute convivialité, dans une complicité de regards, de mots, de silences, de nouvelles furtivement échangées chaque fois qu'un plat aux arômes supputés traversait en vedette la salle. Un bruissement harmonieux couvrait l'instant, comme si chacun à distance accordait au nez sa notation de l'ouvrage. Sans doute que beaucoup y voyaient une œuvre. C'était l'appréciation suprême pour mon père qui se nourrissait de cette critique par rumeurs pour garder sa bonne humeur et s'attacher à l'excellence.

Ici, bien que l'horizon puisse sembler se replier sur lui, l'esprit d'ouverture est enraciné dans la terre. Le Ballon d'Alsace veille à ce qu'il en soit ainsi, à quelques lieues boisées du centre ville, en cette extrémité sud de la région. Quatre départements, à ses pieds, lui accordent leurs richesses : celui des Vosges, de la Haute-Saône, du Territoire de Belfort et du Haut-Rhin.

Cet atout géographique – cette valeur de proximité, comme on dirait aujourd'hui – permet de mieux connaître l'autre, comprendre sa culture, respecter sa différence.

Ici, bien que l'Alsace compte le plus au cœur, on apprend bien vite qu'il n'y a pas qu'elle qui bat au bon rythme. Et le regard sur l'autre change sa nature. Il dépasse rapidement les frontières du nombrilisme cantonal pour s'ouvrir aux particularismes de nos voisins, les autres Français, mais aussi les Suisses et les Allemands. Même si l'Alsacien que je

Le restaurant de la famille Jung à Masevaux durant
la Première guerre mondiale. Le jeune garçon au béret,
à droite, est Pierre Jung, le père d'Emile.

suis est par trop convaincu de nos qualités originales, ma région natale m'a aussi aidé à regarder sans a priori « l'étranger », à l'accepter et à l'écouter en ami.

L'étroitesse de ma rue aurait pu inciter au repli sur soi, à l'isolement, au goût du secret. Pourtant, cette particularité faisait que le voisinage était plus proche, presque à portée d'oreilles. Même si elles étaient grandes ouvertes pour profiter de la TSF de la maison d'en face, elles se faisaient discrètes quand un drame couvait ou qu'une colère grondait. Comme un clan qui grandit en toute solidarité par intimité presque forcée, notre proximité rendait émouvante notre complicité, nous initiant précocement à certaines règles de vie en communauté. Le grand-père ou le petit frère, la fiancée ou la cousine de passage, chacun admettait un conseil, un froncement de sourcils, un service ou un sourire.

C'était si facile d'entrer par la porte chez l'autre que je trouvais dans cet exercice de quoi satisfaire ma curiosité naturelle. Comme à l'école j'étais suivi par l'instituteur qui forgeait mes connaissances, je poursuivais mes découvertes, laissé très libre par mes parents, en observant les artisans locaux, de toutes les corporations, exercer leur art. Souvent, ils me mettaient un outil dans les mains : je cherchais alors à accomplir le geste le plus juste… pour gagner une chance de recommencer.

C'était là mon école préférée, avec des maîtres attentionnés qui m'offraient, à mains ouvertes et rugueuses, le livre de leurs recettes.

Livré un peu à moi-même, j'étais délivré par eux de toutes les interrogations qui chahutaient dans ma tête d'enfant. Ils m'ont beaucoup donné : du temps, de l'attention, de la confiance, de l'envie. Ils respectaient tellement leur travail que de me revoir dans leur atelier, à chaque occasion, les confirmait dans le noble sentiment que c'était aussi un art que de savoir transmettre un savoir. Je n'ai jamais raté une de leurs leçons, je n'ai jamais oublié leur classe.

Gamin discret, rarement bavard, je sentais combien ma ville, à la croisée des chemins, des hommes et des rêves, s'ouvrait sur un monde captivant, étonnant, entraînant. En gravissant son plus célèbre sommet, je compris un jour qu'il m'en restait beaucoup à franchir. Je n'avais pas peur d'aller plus loin. J'appris plus tard qu'on pouvait aller plus haut.

Pour l'heure, mon univers se résumait surtout à l'auberge de mes parents. De traditionnelle, mon père la transforma en alsacienne, confiant la décoration à un ébéniste mulhousien talentueux, Emile Stahl, aidé de son fils : ses magnifiques boiseries sculptées de raisins, ses chaises alsaciennes – qui existent toujours – lui donnèrent un charme discret, apaisant. De superbes lustres en gargouilles, taillés comme par magie par le sculpteur colmarien Albert Erny, en prolongeaient la séduction. Ce même Albert Erny, avec lequel existait une parenté, avait notamment illuminé de ses créations le fameux restaurant Chez Jenny à Paris, de concert avec les Spindler (je recommande toujours à ceux qui veulent découvrir l'Alsace authentique au-delà de la ligne bleue des Vosges d'y faire un petit pèlerinage).

CHAPITRE II

L'hostellerie du bonheur

Notre maison avait apprivoisé les bruits. Ils m'habitent encore. Ceux de la cuisine en effervescence, ceux de la salle – des deux plus précisément – en pleine orchestration, ceux des portes, de connivence. Mais c'étaient des bruits qui n'agitaient pas l'atmosphère presque recueillie que ma mère garantissait par la qualité de son accueil, par son sourire.

Elle régnait en maîtresse femme sur son pré carré. Les gens du pays et d'ailleurs appréciaient sa ferme discrétion et son égale humeur. L'aînée de mes sœurs la secondait avec déférence et vivacité. Un respect mutuel donnait au duo toute l'efficacité souhaitée afin que l'affaire tourne sans raté.

Une première salle avait ses habitués : les ouvriers qui montaient les métiers à tisser pour les industries textiles locales ou les machines pour la fonderie – beaucoup logeaient à l'étage. Souvent en bleus de travail, toujours affables, parfois chahuteurs, ils goûtaient avec plaisir cette pause réconfortante. Et ne manquaient jamais l'occasion de complimenter les patrons.

Une seconde salle avait ses habitués : l'instituteur et quelques élèves, car il n'y avait pas de pension scolaire à cette époque, les représentants de commerce qui invitaient leurs clients des entreprises de la vallée pour conclure une affaire, enfin les notables du canton. Vêtus plus élégamment, mais sans ostentation, ils donnaient une touche plus bourgeoise à l'établissement tout en s'appliquant à ne jamais le faire sentir.

Ces deux salles traduisaient bien la hiérarchie sociale qui régnait dans la région, mais sans animosité. Les « bleus » et les « cols blancs » étaient servis avec la même attention… et chacun sortait de table avec les mêmes couleurs de satisfaction : seule une consommation plus soutenue de bons vins d'Alsace pouvait teinter les joues de l'un ou l'autre d'un colori plus repérable !

Aux fourneaux officiait mon père, en vrai patron. Tout s'ordonnait autour de lui avec précision et passion. Remarquable saucier, il avait le goût juste, fruit de son exemplaire apprentissage dans une maison réputée, l'hôtel Moitrier à Metz. C'est le plus bel héritage qu'il m'ait transmis.

Il savait équilibrer un plat, rehausser son éclat. Il domptait la matière comme la température avec patience. Il aimait tout simplement son métier.

Ce métier, il l'accomplissait avec bonheur, d'autant qu'à ses côtés le supportait – dans le sens soutenir – l'oncle Léon, qui a donné sa vie à la famille. Un homme formidable, un être admirable, un confident adorable.

Handicapé – il avait été grièvement blessé comme incorporé de force sur le front russe et portait une jambe de bois –, célibataire par dévouement, d'une fidélité à toute épreuve, il apportait l'équilibre à notre maison, par la continuité de son effort, par la régularité de son travail, par la solidité de son caractère, par la générosité de son affection. Il avait effectué son apprentissage dans une très prestigieuse maison mulhousienne, l'hôtel du Parc.

Ma mère avait ma sœur, mon père mon oncle : deux couples gagnants.

J'étais donc un peu délaissé, mais je m'en arrangeais.

A l'école primaire, je naviguais dans la moyenne des notes, régulier dans toutes les matières. Je savais, en observant l'intense activité du restaurant, que tout effort est payant. Un des clients avait amené son épouse pour plusieurs semaines, car le montage d'une nouvelle presse l'empêchait de rentrer le dimanche. Elle proposa de m'aider, chaque soir, à réviser mes leçons, à parfaire mes devoirs. J'étais heureux de cette sollicitude et fis des progrès remarquables.

Beaucoup s'étonnèrent de me voir occuper la première place de la classe en un temps record, sauf elle et moi. Son départ mit fin à ces exploits momentanés et je rejoignis la masse du peloton.

Quand un enfant a la chance d'être accompagné, il devient performant. Même s'il est intelligent, s'il ne cherche pas la connaissance, il passe à côté de l'essentiel. Je suis particulièrement attentif à cet aspect de la vie quand un élève arrive au Crocodile !

Je grandissais sans heurts, sans histoires. Après les maîtresses des petites classes, je me frottai aux instituteurs qui faisaient preuve d'une autorité de tous les instants, d'une fermeté à décourager toute envie de dissipation. Une seule fois, j'ai bravé l'interdit: j'avais décidé que je n'irais pas à l'école une journée. Plus comme un exercice pour mesurer ma détermination que par simple caprice. Je jugeai que je pouvais m'offrir cette épreuve contre l'autorité. Malgré la sévérité et les remontrances du père, j'ai tenu bon, contrôlant une situation que j'avais créée sciemment, mais pas question d'en abuser. Je me suis contenté de cette unique expérience.

Je me préparai au concours d'entrée en sixième, avec six autres élèves, convaincu de ma réussite. Je fus recalé. Peut-être n'avais-je pas assez travaillé. Aussi, pour le certificat d'études, je mis les bouchées doubles, sous la férule de M. Gaston Kessler. Un instituteur au sens didactique très prononcé qui, même s'il récupérait en quelque sorte la somme des enseignements de ses prédécesseurs, avait la patiente sagesse de prendre les exemples les plus forts, les plus incontournables de l'orthographe, de la grammaire et autres disciplines pour nous faire progresser et réussir.

Sa méthode était simple et attractive: chaque leçon faisait l'objet d'un devoir du soir qu'il corrigeait le lendemain à haute voix devant toute la classe, insistant sur les erreurs à corriger, mais sans les reprocher. Il mettait l'accent sur les bonnes conjugaisons que certains avaient parfaitement déclinées, encourageant les autres à multiplier leurs efforts, calmement. Et il réservait une plage de vingt minutes pour nous lire une histoire de la Bible. A tour de rôle, cinq ou six élèves devaient, le jour suivant, en faire le récit, pas forcément le plus fidèle, mais avec les bons mots en français. J'ai adoré cette préparation, car elle enrichissait mon vocabulaire et mon imagination.

D'autant qu'à la maison on parlait alsacien.

Je regrette qu'on n'y parlât que le dialecte. Plus précisément, je regrette que, dans mon entourage familial, l'alsacien fût relativement modeste dans ses expressions, dans son parler quotidien. Alors qu'il a de la richesse, de la couleur, de l'humour, de la diversité dans ses mots.

C'est peut-être mon exigence d'aujourd'hui qui me fait porter ce constat. Heureusement, j'ai précieusement exercé mon esprit et ma mémoire dans les débats chaleureux et animés dont nos *stammtisch* ont le secret. Car il est quand même très fleuri, notre alsacien. Et il s'arrose bien…

Déclamer une histoire en français me plaisait donc énormément. Et le léger sourire de l'instituteur valait tous les bons points. Comme pour le féliciter, je me classais deuxième du canton.

Ce maître, de petite taille, strictement vêtu, à l'œil perçant, était unanimement respecté. Il venait rarement à l'auberge, préférant serpenter à vélo dans les rues de Masevaux. Un dimanche, cependant, il prit un quart de blanc tout en devisant avec mon père. Bien sûr, je fis l'objet de la discussion.

Mon père lui demanda, avec le respect d'usage dû à sa notabilité, de faire preuve de fermeté avec moi, à la mesure qu'il estimerait. Ainsi, un jour, mon copain Eugène Battmann, devenu célèbre et populaire dans le football, apporta en classe des doryphores. Chahut total. L'instituteur crut que c'était moi le responsable de cette perturbation. C'est à coups de bâton que je fus chassé, seul, plutôt brutalement.

Je pense que, si mon père ne lui avait pas donné cette liberté d'intervenir pour l'exemple afin de maintenir son autorité, il ne l'aurait pas fait. Je n'avais pourtant rien commis de mal. Je n'ai pas contesté et mon père n'a jamais rien su. C'était ainsi.

Quand ni la maison ni l'école ne m'accaparaient, j'étais sur un terrain de football, jusqu'à l'épuisement ou la tombée de la nuit. Plus pour la joie de jouer que pour la compétition. J'avais bien une licence, mais je n'ai porté le maillot du club qu'à trois ou quatre matches officiels. Quand j'ai rejoint le collège Saint-André à Colmar, le professeur de gymnastique, M. André Guyot, titulaire en équipe première du club local phare, le FC Colmar, m'a rapidement repéré et engagé. Je fus surclassé de minime en cadet, occupant avec enthousiasme le poste de demi-droit.

Chaque jour, après la messe, les études et le repas, je filais vers le terrain, assis sur le cadre de la bicyclette d'un copain dont je n'ai jamais su le nom.

Une évasion saine, collective, abordable. Ce furent des parties inoubliables partagées, entre autres, avec José Esposito, devenu médecin à Eguisheim et éminent membre actif de la Ligue d'Alsace de football.

Le collège Saint-André m'offrait tout le loisir de pratiquer mon sport préféré. Etant pensionnaire, je ne rentrais que pour les dimanches de fête. Et comme il fallait alors aider au restaurant, je n'exigeais pas trop de mes parents qu'ils réclament ma présence. D'autant que quelquefois, les dimanches ensoleillés, nous pouvions entreprendre de belles balades ou être invités chez un ami collégien. Je me souviens de Kolb, de Rossmann, fils d'un papetier connu, dont la maman venait nous chercher, avec le chauffeur, dans une grande limousine. Chez lui, on se dissipait plus qu'à l'accoutumée, mais sans jamais exagérer.

Mon enfance et mon adolescence, somme toute, furent très heureuses. Sous la tutelle de maîtres compétents et patients, j'ai maintenu ma course dans la connaissance et l'effort. Sous la douce discipline de mes parents, j'ai appris le respect de l'autre et le prix de la liberté. Je leur en étais reconnaissant.

Même si, à cet âge de sa vie, les mots pour en témoigner restent parfois modestes.

Il me revient encore – j'avais trois ans – des images que ma mémoire n'a jamais écartées. Celles de la libération de Masevaux par les troupes françaises. Ce sont là aussi des bruits, des couleurs, des chants qui me saisissaient. Une marée de drapeaux tricolores. La première grande fête à ville ouverte.

En costume traditionnel alsacien, Emile Jung et sa sœur jumelle Monique, enfants d'honneur pour le mariage, en novembre 1945, de la cousine Madeleine Ehret, avec Roland Sicard, un des libérateurs de Masevaux.

Quelques heures avant, nous étions tapis dans notre cave. A quelque cent cinquante mètres de notre cachette, des soldats allemands, à grand fracas, tentaient de se réfugier dans la maison du cercle catholique. Des cris fusaient de toutes parts, recommandant de ne pas sortir. Pourtant, je n'étais pas effarouché, blotti contre ma mère qui croyait à sa bonne étoile. Son calme était communicatif.

Je distinguais des silhouettes armées, sous la pluie, qui allaient dans la montagne, à la queue leu leu, en direction de la vallée de Saint-Amarin. Puis un long silence, suivi d'une liesse collective. Des chansons en français, des chansons françaises : j'étais fasciné et chagriné à la fois, car je ne comprenais pas cette langue. J'avais l'impression de ne pas participer à tout, de ne pas tout partager.

La ville recouvrait sa liberté et découvrait la parade militaire. Un bataillon y demeurait et d'autres, à l'occasion de manœuvres à proximité, profitaient des fêtes patriotiques et carillonnées pour défiler, toutes fanfares et étendards dehors. Les pompiers ouvraient le cortège, des camions, rehaussés de bancs, de banderoles tricolores, de lampions chatoyants, transportaient des femmes et des hommes qui affichaient leur fierté. Pour former le cortège, les élèves n'étaient pas en reste, tout comme les associations, une vingtaine environ.

J'aimais bien cette ambiance. Je comprenais que c'était la France qui m'avait apporté une forme heureuse de liberté. Oui, c'était la France, car je n'ai jamais vu un uniforme américain.

Chaque année, en souvenir de l'événement, qui se voulait de plus en plus grandiose, le même cérémonial s'imposait. Un bal populaire clôturait, dans une intense excitation, la mémorable journée.

Dès la fin des hostilités, le général de Lattre de Tassigny honora de ses étoiles notre cité pavoisée et notre table. Il fallait briller.

Ma mère fit appel, par manque de personnel, à des jeunes filles de la vallée qui avaient quelque expérience et une excellente tenue. Parmi elles, une dénommée Sophie Iltis. Fine taille, regard sérieux, appliquée. Pendant le repas, elle fut repérée directement par le général, qui lui proposa une promotion aussi inattendue qu'intéressante : gouvernante de Madame, à leur domicile parisien. Avant même de remettre son képi, il avait obtenu son accord.

J'ai revu Sophie quelquefois, des années plus tard : elle était la même, ne tirant aucun avantage ni aucune gloriole de son statut.

Chaque année, où que je sois, quand reviennent les festivités de la fête nationale et celles qui commémorent la Libération, je me sens le petit Emile de l'Hostellerie de Masevaux.

CHAPITRE III

Au théâtre de la vie

Pendant ces années d'enfant aimé, je découvris le théâtre alsacien. Les pièces se jouaient le dimanche, la salle était bondée. L'heure de début du spectacle était sacrée. Chaque représentation révélait un ou plusieurs acteurs formidables. Il y avait de la réserve, tant les excellents amateurs, issus de la ville et des villages voisins, s'imposaient dans cette discipline.

J'étais émerveillé. J'attachais plus d'importance au jeu qu'au sujet. Le style me captivait plus que l'histoire. C'était la même chose à la lecture d'un livre. Car l'histoire se répète toujours ; il n'y a pas vraiment de surprise.

A Masevaux, le *Jeu de la Passion* est la grande manifestation culturelle de l'année, sur un thème religieux bien imagé. J'avais été sensibilisé à la douloureuse épreuve du Christ lors de l'enseignement du catéchisme. C'est un spectacle exceptionnel, avec plus de cent cinquante interprètes qui jouent en langue allemande. Le succès est toujours au rendez-vous.

Je devins figurant. Avec gravité, je m'appliquais à tenir mon plus que modeste rôle avec sérieux.

Récemment, j'ai pu le redécouvrir. Le tableau de la Crucifixion m'a particulièrement impressionné, par son dépouillement et sa mise en lumière. Cette simplicité et cette densité touchaient au sublime.

Je m'en suis longuement imprégné. Quelque temps plus tard, de passage à Londres, j'ai découvert des tableaux du Moyen Age et de la Renaissance traduisant cette scène. La même pureté et la même authenticité jaillissaient des rouge, bleu, turquoise qui s'appropriaient l'espace. Envoûtante, cette vérité dans les couleurs !

Il est vrai que mon émotion est plus artistique : il y a longtemps que j'ai assimilé la vie du Christ, son sacrifice. Ce qui me touche, c'est le rendu pour émouvoir. C'est communiquer l'émotion. Etre le metteur en scène.

Au théâtre ou dans la peinture, il est juste d'évoquer l'émotion. En cuisine professionnelle, c'est plutôt de plaisir qu'il convient de parler. Et du plaisir qu'il convient de donner. Tout en reconnaissant qu'un chef n'y trouve pas toujours le sien – c'est d'ailleurs surtout frustrant pour lui – tant il s'épuise, dans l'excitation du « coup de feu », dans la multiplicité et la diversité des gestes, des ordres afin de sortir la perfection. Il y a comme une forme de souffrance et d'abnégation dans l'accomplissement de cette « bataille ». Et une libération quand le client vous accorde la « victoire ».

Mon caractère me porte à ne pas accepter qu'il faille souffrir pour donner du plaisir à l'autre. Je parle ici de souffrance mentale. Car j'accepte la souffrance physique en cas d'excès de travail, de manque d'organisation ou de commande imprévue…

C'est en veillant à bien figurer sur la scène que j'éveillais mon goût pour cette forme d'expression: toutes les cultures théâtrales m'intéressaient, du folklorique au classique, du comique au boulevard.

A être modestement touché par l'imagination que le théâtre déployait, par le rire qu'il provoquait, par l'harmonie qu'il entraînait, par le rythme qu'il soutenait, je me rendais de moi-même, comme par instinct – par appétit –, dans les lieux, hauts ou curieux, qui donnaient à découvrir un auteur, une actrice ou un décorateur. Ce dernier, trop souvent oublié, participe au rêve en le dimensionnant.

Pour une partie de mon apprentissage, je devais aller à Paris. Le hasard est pour beaucoup dans la vie: je trouvai une chambre, à trois lampadaires de la Comédie-Française. Ne sachant pas quand m'y rendre, le programme ne m'étant pas accessible, ni comment me procurer un billet, j'observais son entrée. Quand une longue file occupait le trottoir, je me dirigeais vers le guichet principal, tranquillement, sous l'œil vigilant et solennel d'un garde républicain qui donnait un semblant d'ordre à l'ensemble.

J'ai toujours réussi à trouver une place à tarif réduit et plutôt bien située. Et j'ai découvert avec ravissement les Femmes Savantes, le Bourgeois Gentilhomme, Dom Juan, Cyrano de Bergerac et autres légendaires personnages, ainsi que leurs prestigieux acteurs, Louis Seigner, Jean Piat.

Je profitais aussi de Paris pour m'offrir, une seule fois, l'Opéra et le Châtelet, alors très prisés, chacun dans son style. La comédie musicale m'intéressait pour la jovialité des airs et l'exubérance des costumes. Plus tard, lors de mon service militaire à Dijon, toujours mû par la même curiosité, je fis connaissance avec Fifi, Carmen, Rose-Marie, Mireille, les Saltimbanques... En rentrant du théâtre, j'arrosais cinq ou six copains de chambrée et déversais sur eux les airs entendus. Souvent cela durait plus d'une heure, surtout quand je réussissais à les entraîner et à reprendre les refrains. Ils s'égosillaient alors avec entrain. C'était un petit bout de bonheur qu'on s'offrait.

Par la suite, je pris plaisir à m'approcher de nouveau du théâtre alsacien avec ses situations quotidiennes cocasses, drôles, plaisantes. Un concentré de bien des traits du caractère alsacien, où le niais –pas si niais que ça, d'ailleurs – s'enferre dans les difficultés, mais s'en sort avec une audace insoupçonnée. Tout repart, tout s'arrange : les retrouvailles sont joyeuses, en chansons reprises en chœur. C'est la vie, quoi ! Condensée en moins de deux heures.

Une de mes anciennes caissières, Katia, y jouait avec toute sa famille, également douée pour l'accordéon. Les sketches, généralement rapides, souvent improvisés, étaient interprétés en alsacien et en français. Sa maman avait une place importante dans l'association et, par voie de conséquence, mais elle le méritait, un rôle significatif sur les planches. Je

Le père d'Emile Jung après la Libération à Ammerschwihr, très marquée par les destructions de la guerre, avec un collègue restaurateur, Armand Schielé, du Beau Site à Orbey.

me plaisais à partager cette compagnie. Je fis remarquer un soir à Katia l'attitude de sa maman: «Surveille ta maman quand elle parle le français. Surveille ta maman quand elle parle l'alsacien. Fixe ses gestes.»

Il y a un langage du corps pour l'Alsacien. Il accompagne le verbe d'un mouvement, il agite les mains, alors que le Français les laisse plus immobiles.

L'Alsacien est plus volubile, presque méditerranéen dans sa gestuelle. Je le vois moi-même quand je le parle: gestes plus amples, légères grimaces. C'est pour l'Alsacien un moyen de s'extérioriser, lui un terrien qui colle à sa contrée, qui épouse son relief. Avec ses contrastes depuis la plaine généreuse jusqu'aux pentes débordantes de vignes, depuis les bois apaisants jusqu'aux montagnes envoûtantes, notre région multiplie sa diversité et invite l'Alsacien à la partager par son comportement et dans sa pensée. L'Alsace s'étire en réduction, sans grande perspective d'horizon. D'être ainsi «ramassée» sur elle-même lui confère son intimité. On se sent chez soi, *heimelig*.

On est entre Alsaciens, à moins que l'autre le comprenne et veuille expressément s'intégrer. Aucune porte n'est jamais fermée, mais il faut «pousser fort», comme me le disait un client «de l'intérieur».

L'alsacien est la langue de mon cœur, elle irrigue mon esprit, alors que le français me donne surtout de la contenance. Il est plus une forme d'exercice dans lequel on peut exceller quand on le pratique au quotidien. Et, bien maîtrisé, il donne de l'éclat à sa culture.

Autant le français bourgeonne de mots, autant l'alsacien pêche par modestie. Le *stammtisch*, la table des habitués, est son meilleur ambassadeur, usant et abusant des fables, anecdotes, dictons pour gagner du crédit, empruntant parfois, quand l'expression est ignorée, le français… pour prolonger la conversation et rebondir.

Je n'oublierai jamais le grand cabarettiste strasbourgeois Germain Muller, qui avait cet héritage alsacien et avait décidé de le transmettre sans retenue, dans sa splendeur et sa richesse, à une époque où il était possible d'habiller d'humour l'actualité et de lui tailler des costumes de rires. Il a permis de dissiper un doute qui pouvait tarauder l'Alsacien : « Suis-je français ou allemand ? » Etre et rester ce que l'on est, s'accepter originellement, aller à l'intérieur de sa culture, comme certains allaient à l'intérieur de la France, qui exerçait une réelle attraction. D'ailleurs, ma grand-mère, née allemande après l'Annexion, en 1879, me racontait combien ce pays la fascinait, tant il affichait de possibilités. Toute une génération de jeunes filles au début du siècle dernier « montaient » dans la capitale. Gouvernantes, femmes ou filles de maison, elles apprenaient l'éducation à la française, la cuisine et la langue.

Car la France n'avait qu'une parcelle d'influence sur l'Alsace. Déjà, Louis le Quatorzième considérait qu'il fallait laisser les Alsaciens heureux comme ils semblaient l'être. Le dialecte maintenait le vrai lien entre eux. Il devait traverser, en s'étoffant, les péripéties et les vicissitudes qui marquèrent cette terre. Il sauvait une âme, par sa résistance aux pressions et au temps.

CHAPITRE IV

Le plaisir de l'apprentissage

Souvent, dans une affaire familiale, ce sont les parents qui décident de la succession pour pérenniser le patrimoine. Cette transmission du flambeau – belle image pour décider quelqu'un à prendre la lumière, c'est-à-dire à se porter en première ligne dans la responsabilité – se passe dans l'harmonie si l'ambiance générale est favorable. C'était le cas dans ma famille. Car j'avais pris depuis longtemps ma part dans l'aide à la cuisine.

La transformation de la matière est passionnante. J'imagine que le fils d'un menuisier qui rabote un bois, celui d'un horticulteur qui invente une greffe ont l'envie, à un moment au moins, de poursuivre le métier à leur tour. Avec des idées déjà bien arrêtées pour faire mieux, plus, autrement: « Tu sais, papa, les choses ont changé. »

Beaucoup renoncent devant l'effort qu'il faut persister à faire et devant le comportement parfois passionnel, mais excessivement professionnel, d'un parent. La peur de décevoir fait fuir.

C'est sans état d'âme, plutôt fier, que je m'étais inscrit dans la logique de mes parents de reprendre leur affaire. Un jour. Cet honneur passait par l'apprentissage. Avec eux, j'avais déjà beaucoup appris, notamment le goût du beau. Ils faisaient, même à leur niveau, de constants efforts pour bien tenir la maison.

S'élever: le maître mot qui qualifie cette volonté qu'ils avaient de sortir du commun tout en restant humbles dans le quotidien. Pour eux, s'élever ne signifiait pas être honorés. J'ai toujours retenu cette dimension au cours de ma carrière. De nombreuses fois, Bocuse, mon aîné de seize ans en gastronomie, m'a proposé des présidences, les plus prestigieuses comme les plus insolites, au niveau national dans notre domaine. Je ne me sentais ni la force ni la disponibilité d'exercer de lourdes responsabilités nationales.

La présidence des Sommeliers d'Alsace, durant vingt-quatre années, a suffi à mon bonheur et à ma fierté. Je trouvais et trouve toujours que je suis plus utile parmi les miens qu'avec des gens éloignés de moi. C'est ce qui me permet de rester moi-même.

Armé de saines convictions et des recommandations énergiques de mes parents, je débutai mon apprentissage à l'hôtel Maison Rouge à Strasbourg, grande maison, au prestige séculaire, où je ne me sentais pourtant nullement dépaysé. Les odeurs, les rituels étaient sensiblement les mêmes que ceux de la cuisine de mon père. Surtout, grâce aux clients qui fréquentaient le dimanche l'hostellerie familiale, j'étais familiarisé avec l'accent bas-rhinois, avec l'accent strasbourgeois. D'ailleurs, c'est une de nos clientes, Mme Mengus, gentille et serviable, qui m'hébergea provisoirement le premier mois, rue de l'Yser, et me chercha une autre chambre. Et puis, avec mon père, j'avais fréquenté à plusieurs reprises la Foire européenne de Strasbourg et fait quelques détours en ville, appréciant particulièrement la pierre rose qui magnifiait la cathédrale, ainsi que la perspective de quelques grandes avenues.

Cette pierre que je côtoyais, je voulais la toucher chaque jour et frôler, en trompe l'œil, la flèche qui surplombait la ville. Comme pour aider ma nature à se consolider, comme pour mesurer le chemin à suivre.

Capitale de l'Alsace, Strasbourg était ma capitale. On s'élève dans une capitale. Le choix du Crocodile, plus tard, était inscrit dans cette pierre. Il m'a toujours paru naturel, logique.

J'ai passé ainsi toute l'année de mes dix-huit ans. Ayant obtenu le certificat d'aptitude professionnelle, mes professeurs de l'école hôtelière jugèrent qu'il me fallait découvrir autre chose, bien que pour ma part j'eusse souhaité continuer à la Maison Rouge.

CHAPITRE V

Les hommes et les femmes de ma vie

« C'est l'homme de ma vie » ; « c'est la femme de ma vie » : des expressions mises à toutes les sauces d'autant que la société d'aujourd'hui fait que beaucoup semblent en consommer plus que le nombre évoqué… Aussi est-il important pour moi d'écrire que j'ai des hommes et des femmes de ma vie.

Le premier des hommes est bien sûr mon père : Pierre. Un personnage vif, très sensible, avec des extrêmes concernant tout ce qui touchait la cellule familiale. Il n'avait pas toujours la manière, mais en toutes circonstances il était respectueux. Parfois à en être maladroit, entre trop juste et pas assez. Il n'était pas bavard avec moi. C'est plus par son attitude, sa manière d'être qu'il me transmettait une éducation. J'y étais attentif.

Il piquait des colères aussi intenses que courtes, dues à l'excitation du « coup de feu ». Ce feu capricieux, source d'angoisse pour le saisir dans sa force, pour le flatter dans son repos. Dès que tout s'apaisait, il oubliait. Et veillait paisiblement à sa famille, avec un esprit de sacrifice où il faut savoir reculer pour mieux avancer, savoir s'effacer. Il avait l'intelligence du lendemain.

Né en 1908 dans la vallée, son père était boucher : une belle affaire qui prit son essor durant la Grande Guerre. La vallée avait été libérée dès 1914 alors que le reste de l'Alsace restait sous contrôle allemand ; ce fameux « paradis tricolore » décrit par Hansi. Mon père vécut avec les militaires : manger à la roulotte, caracoler avec un attelage de chevaux, livrer la garnison furent son école. Sans doute y a-t-il appris la discipline qu'il nous imposa.

Toute l'imagerie de Hansi m'évoque avec véracité son enfance. Il était habillé à l'identique des gravures. J'ai même une photographie le montrant, calot militaire vissé sur la tête, à côté du maréchal Joffre qui était venu assister à une messe.

Entré en cuisine en 1924, après un apprentissage à Metz – grande cuisine française et stricte formation –, il épousa ma mère, qui travaillait au célèbre café Moll à Mulhouse, et prit l'affaire de la grand-mère qu'il transforma en café, brasserie et auberge du bourg. Ce n'est qu'en 1951, dans la pleine force de l'âge, qu'il décida « d'habiller » sa maison, de la transformer pour attirer les gens en lui donnant un cachet alsacien.

Il avait hésité, tenté de partir – toujours ce désir de s'élever –, persuadé qu'il n'y avait pas d'avenir dans la vallée pour la cuisine qu'il concevait. Par nostalgie peut-être, mais surtout par caractère – il avait évalué sa force, celle de son couple et sa capacité d'entreprendre –, il mit la même détermination à rénover ses salles que celle qu'il aurait déployée pour relever un autre défi, plus ample.

Durant plus d'un an, les travaux de boiserie se déroulèrent, panneau après panneau, sur des murs peu droits et sous les commentaires éclairés des habitués du *stammtisch*. Le menuisier et son fils furent aussi heureux du résultat que mon père – intérieurement, il était émerveillé.

Il se consacrait avec une indestructible énergie et une retenue courtoise à la réussite du restaurant. Elle prit trop vite sa vie, alors que j'étais âgé de dix-sept ans.

Mon oncle Léon était le deuxième homme de ma vie et le premier complice de mon père. Un peu comme Laurel et Hardy. L'un sérieux et préoccupé, l'autre filou et attentionné. Comme il le disait pour amuser la galerie : « Chez Léon, tout est bon. Chez Pierre, tout est de travers. » Sans doute sa façon d'oublier son retour du front russe avec une jambe de bois – il avait été enrôlé de force, comme tous les jeunes Alsaciens, par les Allemands : les Malgré Nous.

C'était une chance de l'avoir à la maison. Il n'avait jamais songé ou voulu créer sa propre famille, se fondant dans la nôtre. Excellent cuisinier, formé dans la meilleure maison mulhousienne de l'époque, l'Hôtel du Parc, il avait une « patte », surtout pour les pâtés en croûte et les bouchées à la reine, et un goût absolu.

Il taisait sa souffrance quand, par les fortes chaleurs, sa prothèse le martyrisait et il se réfugiait dans les blagues ou poussait la chansonnette, son torchon toujours à la main, prêt pour une future fessée…

Il est resté fidèle à la famille, partageant avec ma mère pendant sa retraite la maison où elle s'était retirée. Après une rude vie de labeur, ils occupèrent leurs nouveaux loisirs à des escapades touristiques à bord de leur Dauphine.

Son grand rêve, une forme de combat contre la morosité, était de connaître l'an 2000. Il disait alors qu'à côté « de ceux qui rouspètent, il faut des gens qui rigolent ». Et ne comprenait pas ceux que le siècle nouveau inquiétait.

Mais il ne le connut pas et disparut sept années avant son avènement.

Quelques autres personnages ont suivi la trace de ma vie. Un auteur gastronomique, Nicolas de Rabaudy, avait déjà écrit deux livres où il me faisait l'honneur de me mentionner comme « un cuisinier plein de promesses ».

Au cours d'une de ses visites, il me persuada de rencontrer un dénommé André Guillot, chef d'une maison bourgeoise. C'est-à-dire qu'il travaillait pour des maîtres : une restauration autrement stylée ! L'un deux s'appelait Jean Roussel, auteur de science-fiction. Il avait une grande propriété et de singulières habitudes. Ainsi possédait-il deux Rolls : l'une qui descendait vers la Côte d'Azur, l'autre qui en remontait… afin d'avoir toujours des produits frais de cette région. Il déjeunait toujours seul, vers treize heures, ouvrant son repas par du thé ou du café au lait, pour l'achever trois heures plus tard.

Recueilli sans doute sur un monde à imaginer, il pensait que personne ne méritait de partager sa table.

Le chef de cette maison originale, M. Guillot, était un seigneur de la cuisine. Simple mais directif, avec une élégance rare. Tout comme le passé simple, immuable, de son parler. Dans cette maison d'exception, il disposait de moyens d'exception, pouvant se permettre d'aller très loin dans le détail d'une préparation, notamment dans les sauces. Il savait jouer de l'onctuosité des éléments pour donner du velouté à la sauce. Comme la sauce était tellement concentrée, il avait l'art d'utiliser l'acidité – le vinaigre – pour lui donner une verticalité, une richesse qui la faisaient toujours accepter et apprécier. Sa cuisine allait à l'essentiel, le produit étant exécuté au dernier moment, sans artifice. Bien que bourgeoise, elle n'était pas opulente. C'était plutôt une succession de petits plats, avec de petites parts, qui se goûtaient plus qu'ils se mangeaient. Un menu équilibré en somme, bien que hors du commun. Nous avons toujours convenu à chacune de nos rencontres qu'il était préférable de prendre le menu – entrée, plat de résistance, dessert – plutôt que le plat unique. Mais toujours dans la mesure, dans la stricte quantité. Et lorsque le temps lui permettait de réaliser une sauce dans ma cuisine, c'était principalement au riesling. Elle prenait alors une tout autre expression.

Un dernier personnage, tout en rectitude, prolonge cette galerie. C'était un homme de l'art de l'édition. Il s'était spécialisé dans les cartes de restaurant, plutôt des grands, d'ailleurs. Sans doute un réflexe d'ancien élève des hautes études commerciales. Michel Fauqueux avait une amitié solide avec un aquarelliste, Pierre Pagès, que j'avais connu lors d'une visite chez le marquis d'Angerville, vigneron bien connu à Volnay. Les vignes prenaient vie sous ses pinceaux ; je lui demandai de m'illustrer cinq coins de Strasbourg dans des couleurs gréseuses pour ma nouvelle carte du menu. Il nous recommanda d'en confier la réalisation à Michel Fauqueux. Ce dernier avait à son palmarès celles de la Tour d'Argent, de Maxim's et de Lenôtre, quand il débuta au Pré Catelan. C'était une incontestable compétence dans l'art d'équilibrer une carte, de capter les espaces, de choisir une typographie – le Times avait sa faveur –, de chasser la répétition.

Doué d'une connaissance littéraire à faire pâlir un académicien et culinaire à réjouir un chef, il me prit sous son aile, m'ouvrit à l'esprit parisien en dehors du cercle des chefs que j'avais fréquentés lors de stages. J'ai pris plaisir à découvrir quelques facettes de cette société brillante sans toutefois m'en aveugler. C'était un esthète et un irascible. Quand il m'encourageait tout en me critiquant, j'en profitais pour progresser.

Ma grand-mère Anna – à tout ancêtre tout honneur – fut le pivot de mon enfance. Toujours soignée, méticuleuse en tout, élégante, elle avait du caractère, savait en user sans jamais en abuser.

Elle nous élevait en dehors de l'affaire, au-dessus du restaurant, nous assurant ainsi une vie régulière, rythmée par les repas. Même si mon père faisait notre cuisine, elle ne détestait pas confectionner des nouilles maison. Je garde encore en mémoire l'odeur de cuisson de ce plat qu'elle liait un peu avec pour seul accompagnement des œufs mollets. Aussi loin que je remonte dans mes souvenirs, c'est resté le meilleur des repas.

J'ai pu le vérifier en suivant, il y a quelque temps, les tribulations d'un Chinois gourmand qui mangeait du matin au soir, à heures régulières. Il se levait aux aurores pour aller goûter, à l'arrière d'une échoppe, les premières cuissons, les premiers bouillons des nouilles de la maison. Qu'il est fameux – et pourtant délaissé – ce bouillon frais et légèrement salé…

Elle adorait aussi faire le kougelhopf dans le four à bois. Malgré une température pas systématiquement maîtrisée, rien qu'au toucher, au doigté, à l'instinct, elle sortait un gâteau exceptionnel, bien monté, parfaitement cuit et aux lignes impeccables. Après l'exploit toujours renouvelé, un petit verre de vin était la récompense qu'elle s'offrait.

Elle est partie trop tôt en voyage vers le ciel, la grand-mère.

Ma tante Louise avait épousé Xavier, architecte, mais surtout le plus grand marcheur de toute la vallée : chaque sentier vosgien avait reçu sa visite. C'était tout comme son mari une femme active, besogneuse dans le bon sens du terme, coquette, toujours en mouvement. Avec elle on allait parfois voir de la famille ou du voisinage à l'hôpital de Mulhouse, par un bus qui s'apparentait à un tortillard. Plus tard, quand j'étais à Strasbourg, elle m'appelait pour que j'aille, sans tarder, visiter untel ou une cousine éloignée dans sa chambre des hospices civils. C'était dans nos habitudes d'enfants, elles se sont conservées quand nous avons grandi.

Avec ma sœur jumelle, elle nous avait « à la bonne ». Quand elle nous acceptait à sa table, on se régalait. C'est d'ailleurs toujours ainsi : tout paraît meilleur hors de la maison. Des tantes Louise, il en faudrait davantage !

Pour l'éducation, ma mère, Hélène, était toujours en accord avec mon père : c'était l'entente familiale la plus totale. Même si j'ai encore quelques échos de belles engueulades entre eux, toujours courtes, jamais grossières. Elles se faisaient, métier oblige, quelquefois devant la clientèle, mais cela ne durait pas, d'autant que la charge de travail écrasait ma mère. Très régulière dans la besogne, elle se tenait droite, avec un regard qu'on pouvait croire sévère. Elle cherchait la cohésion de la famille : rien ne devait la bousculer. Elle restait en réserve de mon père, jamais dans son ombre. A l'exubérance des sentiments, elle préférait la discrétion du silence.

Elle m'a ouvert son plus beau trésor : un amour simplement vrai. Il m'envahit toujours.

Avec Monique, ma sœur jumelle, j'ai plus cohabité que partagé de complicités, chacun ayant très tôt créé son univers propre où l'autre n'était pas invité. Quand nous étions tout petits, elle voulait toujours prendre le dessus, trop énergiquement à mon goût, n'hésitant pas à griffer pour s'imposer. J'ai laissé faire, mais un temps seulement.

Annette, l'aînée, était très « maternelle », expressive, attentionnée avec nous. Véritable cheville ouvrière dans l'entreprise, elle était ardente au travail et supportait avec constance toutes les contraintes : un bon support pour la famille, un bon apport pour l'affaire. Elle était « la grande ». Elle l'est restée avec les mêmes qualités de cœur.

Monique a épousé Pierre Adam, un distributeur de vins et limonades, Annette un choucroutier, Bernard Hirlemann : notre trait d'union reste donc la table… Nos relations ont toujours été et sont toujours excellentes, les beaux-frères, Bernard et Pierrot, faisant qu'il en soit ainsi.

Une scène illustre la solidarité de notre famille et la solidité de ses liens. Le notaire était venu dîner à l'auberge pour faire le partage des biens, sans papier, sans inventaire. Personne n'a dit : « Je veux… ». Les choses se sont réparties naturellement : « Toi, tu prends la maison. Toi, la forêt… » Sans compter, sans évaluer.

Pour ma part, c'était la maison. « Tu la prends telle qu'elle est ! » Il y avait de la part de toute la famille, même élargie, sous l'autorité bienveillante de la mère, une confiance réciproque, une volonté certaine et une réelle générosité envers moi : « On te donne un bébé en bonne santé », ce qui voulait dire qu'on me demandait d'emmener l'affaire le plus loin dans les meilleures conditions. En m'enlevant le moins pour réussir le mieux.

Sans autre forme, le notaire nous quitta. On signa l'acte quelques jours plus tard, sans même le relire.

Ma mère, veuve depuis quelque temps, avait besoin d'une aide pour le restaurant, car je partais en stage à Paris. J'avais demandé au directeur de l'école hôtelière de Strasbourg s'il connaissait une élève qui accepterait de venir à Masevaux pour la seconder. Il proposa une certaine Monique Andrès. Elle avait, toute jeune déjà, exercé des responsabilités d'accueil et de comptabilité auprès de différents maîtres et aidé ses parents, qui géraient une maison de retraite à Sainte-Marie-aux-Mines. Monique accepta et fut acceptée dans la famille qu'elle ne quitta plus. Belle fille, courageuse, entreprenante, elle apporta à ma mère un soutien efficace et une aide déterminante.

Elle me plaisait bien. Sans précipitation, je la courtisais. Nous nous sommes accordés dans le travail et dans l'idylle. Une même envie de s'élever et de construire nous réunissait. Le mariage concrétisa cette force, le 8 mai 1965. On a uni nos idées et nos goûts pour le meilleur de la vie et elle nous le rend bien.

Et puis, encore jeune, parfois maladroit, il est bon de s'appuyer sur une compagne qui cherche à pétrir son homme pour le préparer à gagner son pain et nourrir sa famille, pour la conduire toujours plus loin.

Monique sait se pencher sur son travail. Lui accorder le temps, la patience, l'attention qu'il mérite. Elle est du signe du bélier, comme moi. Aussi, nous sommes toujours en phase : « Aussi vite parti, aussi vite arrivé ». A ceux qui me demandent si elle a bien de petits défauts, je réponds toujours : « Quand on ne les voit pas, il n'y en a pas ».

Si je suis l'âme du Crocodile, elle en est l'esprit.

CHAPITRE VI

Hymne au gros sel

Notre voyage de noces nous entraîna, Monique et moi, en Corse durant une quinzaine de jours, sur cette île encore peu fréquentée par les touristes, superbe et parfois déroutante. La mer était déchaînée et notre route, dans une 2 CV empruntée au beau-frère, Pierre Adam, secouée, mais paisible. Je n'avais quasiment jamais pris de vacances. La seule fois où j'avais quitté la maison, c'était pour une colonie à la mer avec des enfants des cités de Mulhouse.

Les petits de la colonie étaient hébergés dans un bâtiment en dur, les grands – une douzaine d'enfants, dont je faisais partie – sous la tente. En dehors des activités organisées et répétitives, nous avions l'habitude de nous aventurer dans une propriété voisine pour couper des roseaux et des acacias afin de dresser une cabane. Un jour, le propriétaire interpella notre directeur, nous accusant formellement d'être les auteurs de ces dégradations. Devant ses dénégations, argumentées par l'existence d'autres colonies à proximité, où il devait y avoir sans aucun doute de terribles garnements capables de tels méfaits, le propriétaire insista : « Non, non : ce sont

8 mai 1965, Emile Jung épouse Monique Andrès à Masevaux.

les ya-ya. Ils disent toujours ya-ya. Et vous aussi.» Le dialecte nous avait trahis et nous priva de la hutte.

C'est à l'occasion de cette sortie collective et estivale que je découvris l'amitié : plutôt des formes dans l'amitié. Mes copains étaient issus pour la plupart du milieu ouvrier, joyeux et attachants, formés avec rigueur et générosité au respect des règles élémentaires de vie en groupe. J'ai beaucoup appris à leur contact. Aujourd'hui encore, leur souvenir m'habite et je me sens souvent à l'aise avec les gens simples ou modestes. Le marchand de gaufres, place Kléber, les retraités ou les anonymes que je rencontre autour d'une bière dans les cafés du quartier me sont souvent plus proches que quelques personnes qui se croient connues et semblent tout connaître. J'ai aimé leur spontanéité, la fraîcheur de leur verbe, la tendresse de leurs gestes.

L'amitié apprend la tolérance et développe la discrétion. Elle renforce la cohésion intérieure et exige la cohérence. Chacun peut exister par lui-même ; il y a comme une pudeur qui s'installe pour réserver un espace à l'autre tout en préservant le sien.

Quant aux relations amicales, elles sont empreintes de simplicité et de convivialité, mais demeurent trop épisodiques pour faire ouvrir les cœurs. Bien que je me sente proche des gens, je m'approche toujours d'eux avec prudence : sans doute une forme de respect. Encore un héritage de mes parents. C'est la restauration qui, dès l'enfance, m'a appris le contact, la diversité des hommes et celle de leurs envies.

Autrefois, par exemple, le plat du jour était pratiquement toujours le même, toute la semaine. En quelque sorte, c'était une cuisine de satiété, consolante si je puis dire. Elle n'était pas répétitive en ce sens qu'elle se renouvelait par les sauces, les assortiments. Elle donnait, par cette espèce de fidélité à une tradition, une certaine assurance : on était en terrain connu, en milieu reconnu. Et on s'en contentait... peut-être par besoin de se protéger d'un environnement qui bougeait trop vite, qui bouleversait les habitudes. Alors que maintenant le plat du jour change chaque jour ; il y en a même, dans certaines maisons et dans les cantines, deux ou trois. Curieux, pour le plat du jour ! Et les gens veulent tout connaître sans prendre le temps nécessaire de s'attarder sur une chose, de l'explorer, de la saisir. Tout cela est excessif. Le besoin d'évasion est trop forcené alors qu'il y a à rêver devant les yeux, qu'il y a de l'authenticité à cueillir à portée de main.

Mon père a beaucoup contribué à m'inculquer ces notions et à les cultiver. Recevoir et servir l'autre le mieux possible, sans distinction : l'inconnu ou l'étranger qui passe pour une seule fois, comme le familier ou l'ami de la maison.

Par exemple, quand il y avait beaucoup de monde le dimanche, au client de midi comme à celui plus tardif, malgré la charge écrasante que lui imposait le service, il appliquait la même règle de cuisson, la même rigueur dans l'assaisonnement des mets. Même dans la difficulté, il ne trichait pas. Une vraie vertu cardinale. Il nous disait toujours, pour un client venu très tard, ce qui ne nous enchantait pas : « Il faut ce qu'il faut. Le dernier client mérite la même attention que le tout premier. »

En pensant à cette situation, je vois encore mon père s'appliquer à l'assaisonnement des plats. Il n'utilisait que du gros sel – si je peux donner un seul conseil sur le sujet, c'est de recommander aux gens qui cuisinent de ne prendre que celui-là ou alors très rarement du sel fin, voire plutôt d'écraser du gros sel avec un rouleau. C'est ce qu'il y a de plus doux, de plus juste : une des bases de la cuisine. Moi-même, à mes débuts, je me suis laissé surprendre. Le sel fin est en effet déshydraté, sec. Dans la main, il fuit comme le sable ; on en met donc trop. Alors qu'avec le gros sel, chargé d'humidité, instinctivement, mécaniquement presque, on déroule la bonne quantité. On a du volume, un toucher au bout des doigts, on offre sa délicatesse.

Toutes ces petites astuces, découvertes, rencontres, expériences, odeurs, saveurs, leçons, émotions et valeurs devaient se prolonger, se tester, se parfaire ou s'enrichir : je ne pouvais que devenir cuisinier. C'était incontournable. Et devenir peut-être un chef, comme mon père.

CHAPITRE VII

La perfection et l'harmonie

Quittant le cocon familial, je fus donc accueilli à l'hôtel Maison Rouge à Strasbourg. Je découvris une brigade, avec sa hiérarchie, du chef de poste au commis, et une cuisine qui observait les plats d'Escoffier, une soixantaine environ, et les respectait à l'appellation près – Du Barry, Richelieu, Saint-Germain…

C'était également le cas à l'école hôtelière que je fréquentais en parallèle. Cette dénomination des plats correspondait à une géographie et à une histoire très précises et rendait hommage à une personne, un lieu ou un créateur. Ainsi le potage Julienne Darblay avec ses légumes en bâtonnets, le potage Saint-Germain avec ses petits pois, la garniture Clamart avec ses fonds d'artichauts garnis de petits pois, le tournedos Rossini… Même si cela avait un côté sibyllin, c'était évocateur pour la plupart des clients qui savaient attribuer à telle appellation des compositions précises, et refaire à leurs convives un petit historique sur un personnage qu'ils avaient oublié.

Aujourd'hui, on nomme autrement les plats, sans doute par simplification intellectuelle ou pour s'inscrire dans l'air du temps, celui de la communication, avec des descriptions plus explicites ou poétiques, une invitation à un retour à la nature. Je me souviens d'une carte du merveilleux cuisinier Alain Chapel où il écrivait: «C'est avec une petite tombée de poussée d'épinards que...» La cuisine s'est démocratisée, les mots doivent être plus simples, plus directs.

Deux ouvrages servaient de référence à toute une génération de cuisiniers et inspirent sans doute encore la nouvelle, même si elle explore des voies plus «exotiques» où l'imagination laisse libre cours à des mariages de produits et d'épices moins académiques ou classiques que ceux qu'ils réglementaient.

Le Répertoire de la cuisine, paru en 1914, de Gringoire et Saulnier, est un dictionnaire de toutes les recettes existantes, un recueil très technique qui s'adresse davantage au praticien. Les indications sont données, mais sans les poids. Au chef d'en faire l'interprétation. J'avais acquis ce livre à mon arrivée à l'école hôtelière. Je n'y comprenais rien: difficulté de l'écriture, méconnaissance des termes... J'ai appris page après page, méthodiquement.

Auguste Escoffier, l'auteur mémorable d'un *Guide culinaire,* publié en 1902 et régulièrement réédité, la bible en quelque sorte, plus accessible au profane et toujours diffusé en librairie, reste d'actualité, et il le sera encore dans cent ans. Sans changer un seul mot: «Des hommes de génie, qui n'avaient cependant pas hésité à réformer de son œuvre tout ce qui n'était plus en harmonie avec les tendances de leur époque, furent les premiers à comprendre que la nécessité s'imposera dans un temps plus ou moins long pour celle (la cuisine) que nous préconisons ici. Alors que tout se modifie et se transforme, il serait absurde de prétendre fixer les destinées d'un art qui relève par tant de côtés de la mode et est instable comme elle. »

Tout se dépouille, seul le nécessaire, essentiel, émerge. Un cuisinier est donc contraint de maîtriser la technique : c'est son fond de jeu. Car ces guides donnent une idée sur la pièce principale – la viande ou le poisson en entier – et une manière de la traiter, avec ses difficultés. Mais ce sont les connaissances, puis les compétences, l'expérience et enfin le goût du cuisinier qui détermineront, seuls, la qualité du plat.

On le voit d'ailleurs lors des concours auxquels je peux participer comme membre du jury. Même si la nature du plat est choisie, sa garniture et sa taille imposées, ce n'est jamais pareil. Un peu comme l'écriture d'un individu qui dénote un style différent pour chacun. En cuisine, c'est la même chose. C'est une question d'élan, de vivacité, de caractère, d'énergie qui va interpeller l'autre et créer une harmonie avec lui. C'est donner quelque chose qui va procurer du plaisir. Une harmonie. Par exemple, on pourrait mettre beaucoup de poivre d'Espelette, petits piments cultivés dans cette cité et devenus très à la mode, dans bien des mets. En user, c'est bon. Mais pourquoi en abuser ? Il doit juste alerter les papilles et libérer de l'émotion. Une émotion mesurée qui est acceptée. C'est ce que je recherche dans ma cuisine. Je lui donne une fois de la violence, trois fois de la force et six fois de la tendresse. Il faut cette forme de violence pour savoir que vous existez. Comme quand le vent balaye le visage, le fouette. L'épice apporte cette même sensation.

Souvent, on me demande si la perfection existe en cuisine. Je le crois, au même titre que je l'ai ressentie lors de mon dernier voyage en Egypte en contemplant certaines statues : dans la forme, le mouvement, la tombée d'une robe, les plis qui laissent deviner une anatomie…

La perfection peut surgir dans quelques tomates agrémentées de fenouil, tout simplement. Sans les encombrer d'autres éléments. Laisser faire la pureté et savoir s'effacer – le mieux est l'ennemi du bien.

La matière première est tellement complexe ! Prenez le vin : c'est un seul produit, le raisin. Quand on le goûte, au nez puis au palais, c'est tout un vocabulaire qui prospère et s'enthousiasme pour décrire sa forme, sa chair, sa vie de corps, pour évoquer les fleurs, les fruits, son origine sauvage… Et comme il évolue dans le verre au bout de vingt, quarante, soixante minutes !

La matière première a plus de talent que l'homme, mais c'est l'homme qui lui donne de l'esprit. Car le feu maîtrisé, pendant la cuisson, sublime le produit.

Après la Maison Rouge, je suis rentré à Masevaux pour aider ma mère, devenue veuve. Je retrouvai l'ambiance d'une petite affaire après celle, bourdonnante, d'une grande entreprise. Cette expérience

JOËL BRUNERIE

Emile Jung en 1975 dans la cuisine du train présidentiel
de passage en Alsace.

m'avait permis de me perfectionner, un peu comme au tennis où, si l'on pratique sans professeur pour rectifier le geste ou l'attitude, on ne corrige pas ses défauts et on paralyse sa progression.

Après le service militaire, je suis parti en stage à Lyon, au restaurant de la Mère Guy, tenu par M. Roucou : un chic discret, un luxe généreux, des matières premières somptueuses, une qualité irréprochable, un soin et une précision incomparables dans l'exécution.

Alors que je venais de ma vallée alsacienne avec l'habitude de travailler des produits simples – la pomme fruit et la pomme de terre étaient petites, le haricot gros, sans surprise –, je découvris là l'exceptionnel et une nouvelle dimension de création.

D'ailleurs, quand vers les années 1975 j'exerçais à Strasbourg, le marché ne proposait que de gros haricots. A force de solliciter les maraîchers pour en obtenir des fins, on y est arrivé. Les paysannes sympathiques et bienveillantes faisaient l'effort de répondre à mes demandes, à mes propositions d'innovation. En même temps s'élargissaient les possibilités et les facilités du transport frigorifique qui ouvraient un horizon nouveau pour les chefs dans la variété de l'offre.

Prenez par exemple ce qu'on appelait alors la grande cuisine de palace, qui était et est encore décriée. La langouste était achetée en début de semaine, aussitôt cuite et mise au réfrigérateur, gardée jusqu'au dimanche où elle était servie, après un passage au four et un nappage de sauce au nom évocateur, Thermidor par exemple. C'était du réchauffé, tout court. De même pour les noix de Saint-Jacques. Décoquillées, pochées, elles regagnaient le froid. Puis, à la demande, elles étaient réchauffées et gratinées, avec du gruyère. Rien de plus triste.

Durant cette année rhodanienne, je retrouvai Paul Bocuse. Car l'année précédente, en novembre 1962 – à mes vingt ans –, j'avais fait fortuitement sa connaissance lors d'une permission militaire. Il était invité à la table de Paul Haeberlin, maître mythique de l'Auberge de l'Ill à Illhaeusern, mais aussi compagnon de chasse de mon beau-frère, Bernard Hirlemann. Une sympathie s'était nouée. Aussi allais-je chez lui tous les quinze jours partager le repas avec sa mère, son épouse et sa fille Françoise.

Curieux par nature, je le sollicitais afin qu'il m'indique de bonnes adresses, les grandes tables comme les « bouchons » lyonnais. En me recommandant de lui, un peu à son insu mais sans doute pas contre son gré, je m'enrichissais de la couleur et de l'âme de cette cuisine lyonnaise auprès de ses plus grandes figures, comme Mme Brazier, Vignard, Vétard, Nandron.

Je me souviens qu'un jour, allant chez Mme Vignard, rue de l'Arbre-Sec, où elle officiait avec son beau-frère, nœud papillon et porte-cigarettes vissés indéfectiblement au personnage – d'ailleurs maître d'apprentissage d'Alain Chapel qui deviendra un chef brillant –, je rêvais de manger une bécasse, ma première, que je pouvais m'offrir avec un demi-pamplemousse seulement : je n'avais qu'une modeste paie de commis. L'hiver battait sévèrement les rues et les maisons d'un froid saisissant. Je grelottais. Mme Vignard me lança: « Tiens, petit, comme tu viens de chez Paul, voici une brique. » Recouverte d'une enveloppe métallique, cette brique argileuse, passée au four, était posée sous les pieds pour les réchauffer.

En somme, jeune homme avide de découvertes – avec une certaine dose d'inconscience, je pense – je m'étais imposé chez Paul Bocuse, sans trop m'interroger sur ce qu'il pensait de moi. J'avais l'impression que je ne l'embêtais pas. Il me voyait arriver et, sans rien dire, rajoutait une assiette pour que je partage son repas. Pour moi, c'était comme à la maison, pas comme au restaurant.

Paul Bocuse, de seize ans mon aîné, avait déjà deux étoiles. Dans la force de l'âge et du talent, il donnait dans la simplicité en toutes occasions, à l'image de son auberge, rustique, avec des nappes rouges. Notre différence d'âge, surtout dans cette tranche de vie, ne pouvait pas être source d'amitié. Seulement de complicité. Il privilégiait les liens avec sa génération et attendait que les plus jeunes confirment un parcours pressenti. J'ai fait le mien. Aujourd'hui, il me reconnaît parmi les siens. Etre reconnu par ses pairs est aussi important que de l'être par ses clients.

Paul Bocuse, tranchant comme un adjudant en cuisine, régulièrement critiqué, immuablement perfectionniste, reste un sage qui colle à la tradition. Il évolue sans cesse, quoiqu'en pensent certains, sachant donner, par le travail de l'épice, un aigu heureux à sa cuisine. Aujourd'hui encore, c'est chez lui que je déguste les meilleurs haricots verts, dont l'exécution régulière dénote, mieux que toute critique, la qualité d'exigence de sa cuisine. Il se peut que certains soient davantage séduits par un chef inventif, audacieux, pas forcément étoilé. Mais Bocuse, par la valeur et l'honnêteté de sa cuisine, reste incontournable. C'est la référence. A tout problème posé, il a une réponse, selon la tradition.

Parfois j'entends qu'un client a été déçu de son repas chez un étoilé. L'avait-il trop rêvé ? Peu importe, tout est question d'harmonie. Il peut arriver que le chef soit un peu timide dans son assaisonnement… ou que le client exagère dans sa quantité de nourriture. L'un comme l'autre ce jour-là n'ont pas été en harmonie de corps et d'esprit, l'un sans doute par rapport à une référence qu'il avait et qu'il ne retrouvait pas, l'autre ayant manqué sans doute aussi de spontanéité dans l'exécution.

A table, chez l'étoilé, l'ami ou chez soi, il faut savoir s'organiser, se prendre soi-même en mains. Selon que l'on aime de la vivacité dans une salade, une viande ou un poisson, c'est important d'ajouter soi-même du sel ou du poivre, un filet de vinaigre pour donner un éclat personnel à son propre goût.

Un soir, j'étais invité à dîner chez des amis. La jeune fille de la maison, qui ne mangeait pas avec nous, s'apprêtait à partir et se préparait rapidement une assiette de spaghettis à la tomate. Elle me fit goûter la sauce tirée d'une boîte. En un tour de main, je mis une pincée de sucre et de sel, deux tours de moulin à poivre et un soupçon de citron : ce n'était plus la même sauce. Je crois que toute personne devrait s'autoriser à rectifier les choses selon son goût et son imagination, à s'affranchir de la normalité. Le dernier assaisonnement est toujours le meilleur.

Paul Bocuse et ses confrères, la riche variété de leur cuisine, la complicité vivante entre ces hommes et les matières font que je me sentais à moitié lyonnais. Je le suis toujours de cœur. Mais il me fallait rentrer, l'espace de quelques semaines, pour revoir ma mère, l'oncle Léon et Henri, le cuisinier. De grands professionnels aussi qui n'auraient pas systématiquement besoin de moi à terme. Ce qui m'autoriserait de nouvelles escapades gastronomiques.

CHAPITRE VIII

De Paris à Masevaux

Je continuais donc mon escalade vers l'apprentissage le plus exemplaire et le plus diversifié de ce métier que j'avais choisi.

Dans l'hiver 1964-1965, je m'initiai à la grande école de la cuisine française qu'est le Fouquet's, à Paris, et à la somptuosité de ses plats du jour: volaille champenoise, l'équivalent de notre coq au riesling, carbonnade de bœuf lavande, pot-au-feu, dinde farcie... Remarquable: le seul qualificatif pour décrire ces purs chefs-d'œuvre exécutés par des chefs de partie accomplis. Il est vrai que je comprenais combien la clientèle était connaisseuse et combien il fallait se donner les moyens de la satisfaire dans cette exigence de qualité: brigade orchestrée par le meilleur avec les meilleurs, cuisine sophistiquée avec le dernier cri des équipements, accueil selon les usages de l'étiquette, à la lettre, au doigt et à l'œil...

Et combien les bases, toujours les bases, sont vitales pour réussir. Une fois acquises, chacun, selon sa culture, son origine ou sa créativité, même exacerbée, apporte sa note de fantaisie, sa «plume au chapeau». S'il n'y a pas les bases, toute cuisine est vaine.

Après un bref séjour à l'hostellerie familiale, retour dans la capitale au restaurant Le Doyen, dirigé par le chef Guy Legay, qui plus tard prit la tête du Ritz. Il avait gagné le concours Prosper Montagné : la tradition voulait que le vainqueur fasse le banquet suivant. A cette occasion, je demandai à l'aider, autant par curiosité que par soif d'apprendre.

En Alsace, on commençait vers huit heures du matin en cuisine. Donc je débarquais au Doyen une demi-heure avant cet habituel horaire, faisant très souvent la joie de quelques commis ou cuisiniers qui préparaient des canapés pour un des nombreux cocktails commandés à cette maison réputée. Je tartinais avec entrain, le moyen le plus simple pour se faire admettre, s'intégrer. C'est important de ne pas jouer les touristes dans ces cas-là.

Un stage d'un mois me ramena à Lyon, à la pâtisserie Delorme. Tout y était plus petit, plus fin, plus délicat. Unc expérience supplémentaire. Et ce fut de nouveau Paris, au restaurant La Marée, tenu de poigne de fer par Marcel Trompier, portant majestueusement cheveux blancs et costume de ville impeccable. Sans aucun doute l'homme le plus chic, le plus soigné et le patron le plus exigeant, le plus sévère de la capitale. Mais quelle classe !

Un jour, dans sa cave, je tombai sur un moule à foie gras ou à pâté, de forme cylindrique, sans fond ni couvercle, chevauché d'une charnière fixée par un clou. Je lui expliquai la technique de fabrication et de moulage préparatoires à la cuisson. Puis le foie gras est démoulé avec sa farce, sorti de son moule et enroulé dans un papier d'argent tenu fermement par une ficelle. Délicatement posé sur une assiette métallique, c'était cuit ainsi. Je lui proposai d'en réaliser un, affirmant avec conviction qu'en Alsace c'était une spécialité. Aussitôt dit, aussitôt cuit, mais… pas de foie gras au final, juste une petite cuillerée : tout avait fondu. Explication : c'était du foie de canard, beaucoup plus chargé en graisse (20 % environ) que le foie d'oie de ma tradition alsacienne. En effet, le canard mange tout dans la basse-cour et ses viscères sont collées sur son foie. D'où ce goût plus fort, plus moelleux qu'on identifie aisément, alors que l'oie se nourrit avec beaucoup plus de discernement et ses viscères sont détachées de son foie, ce qui explique sa saveur plus en finesse.

Marcel Trompier, à l'étonnement général, ne me fit aucun reproche, considérant sans doute que mon initiative, même malheureuse, méritait, à défaut d'être respectée, une colère ravalée.

L'hiver engourdissait l'Alsace, le nouvel an dégourdissait les jambes des danseurs qui accueillaient, dans une ivresse musicale et gustative les premiers élans de l'année 1965. Le restaurant familial était joyeux, l'assiette réjouissante. Quelques jours plus tard, je regagnai Paris pour parfaire mes connaissances, ayant cependant omis de prendre la précaution de réserver un stage. Je croyais, comme ma mère, en ma bonne étoile.

Quarante-huit heures de «galère» à frapper à toutes les portes, Lasserre, la Tour d'Argent… sans succès. Me souvenant de l'accueil sympathique au Doyen, je sollicitai M. Legay. Il me recommanda à M. Carrière, au Maxim's.

L'entrée était surplombée par un vestiaire qui permettait à la dame du lieu, cheveux tirés et yeux de braise de gitane, de dominer tout son monde. Un monsieur me réceptionna et me mit immédiatement le combiné téléphonique interne dans les mains afin que je défende ma candidature auprès du chef, un certain Michel Menant. Tout en plaidant ma cause, je vis la dame du vestiaire pointer son index en direction du monsieur et me chuchoter: «C'est le patron.» C'était M. Vaudable.

Je commençai sur-le-champ, malgré la fatigue et un mal persistant à la clavicule – mon sac avec les outils et effets de cuisinier pesant très lourd –, le chef m'acceptant avec chaleur: «Viens, petit Alsacien. Tu sais, j'ai eu beaucoup d'Alsaciens ici. Ce sont des sérieux.» Ce jour-là, il y avait un déjeuner dit du Club des Cent, un cercle d'hommes d'affaires et de célébrités, avec au menu une tourte de truffes. En fin d'après-midi, les agapes achevées, la brigade passa à son tour à table avant d'entreprendre les préparatifs du dîner. Il restait une tranche de la tourte. Michel Menant me fit asseoir en invité d'honneur, commanda un apéritif qu'il me servit ainsi que ce délice de saison. Grandiose, mon premier repas chez Maxim's: des truffes arrosées d'un verre de whisky!

Quand des cuisiniers viennent en stage au Crocodile, ceux qui préparent spontanément des plats de leur pays ou province d'origine pour le personnel sont à coup sûr des bons. Parce qu'ils donnent de leur temps pour l'autre, de leur amour du pays et de ses racines, ils mettent de la générosité également dans leur travail et s'appliquent à le faire aimer. Chez Maxim's, je leur réalisai des *spaetzele* pour accompagner un poulet au riesling agrémenté de cerfeuil. J'étais tellement imprégné de la cuisine de mon père et de mon Alsace que je transpirais pour lier et corser justement ma sauce. Par impatience aussi de trouver le goût juste et obtenir le résultat escompté. C'est là que j'ai saisi combien j'étais encore éloigné de la densité et de la force qui sortaient du talent et des fourneaux de cette maison.

Toutes ces expériences me semblaient nécessaires pour franchir définitivement le pas qui mène de l'apprentissage à l'exercice complet du métier à mon compte. Le partage des biens familiaux étant acquis et me permettant de reprendre en l'état l'affaire familiale, et mon mariage ayant été scellé le 8 mai, j'ouvris mon ère le 1er juin, impatient, heureux et… quelque peu inquiet. Ma mère ne me versant bien sûr aucun salaire, seulement un peu d'argent de poche et je ne disposais que des faibles économies de mes stages, qui me permirent d'acheter les seuls légumes du jour. Heureusement, dans le réfrigérateur, il y avait de quoi proposer deux plats et, en cave, une réserve correcte de bons vins et d'eaux minérales. Et si tout marchait bien, de quoi payer les achats pour les deux prochains jours. La seule pensée qui m'habitait était de vivre sereinement la minute qui s'écoulait, sans imaginer l'heure suivante, encore moins le lendemain. D'autant qu'à cette époque la marchandise se réglait immédiatement au boucher, à l'épicier qui livrait ou aux fournisseurs du marché de Belfort où je m'approvisionnais.

Deux innovations marquèrent le début de l'aventure : Monique, mon épouse, s'habilla le dimanche en costume d'Alsacienne avec un souci du détail remarquable, apportant l'éclat de sa jeunesse et sa compétence souriante pour acclimater les clients au « changement de propriétaire » et au chariot de desserts, une innovation découverte chez Bocuse, qui fit une entrée remarquée à l'hostellerie et en Alsace.

Ma femme et moi, nous avions l'esprit conquérant. Non pas celui qui pousse à franchir des frontières ou envahir un pays, mais celui qui cherche à séduire par l'émotion de l'instant, en proposant des produits vivants de fraîcheur et vibrants d'assaisonnements.

Il fallait donc changer, pas radicalement mais densément notre cuisine, en l'enrichissant de la culture lyonnaise que j'avais acquise, avec cette générosité de beurre et de crème. La carte, avec trois menus, une douzaine de plats en tout, restait modeste et chaque client était servi avec la même application et la même attention : il était unique.

En agissant ainsi, je n'étais pas « casse-cou » comme quelques-uns le pensaient, mais je maîtrisais le minimum d'un art pour le maximum de plaisir :

l'émotion de chaque client était le seul objet de notre sincérité quotidienne en libérant une énergie créatrice et en domptant sa généreuse expression.

Je me rappelle, en évoquant cette estime absolue qui est due à chaque client, une anecdote : à ma troisième étoile, pour m'évader un peu, j'étais allé déjeuner chez un confrère à son invitation. Le printemps s'épanouissait dans la nature et dans mon assiette, avec de délicats et amusants décors en radis. Je félicitai le chef pour cette composition et l'interrogeai pour connaître les réactions de ses clients. « Je ne l'ai fait que pour vous, monsieur », confia-t-il. Avec tact, je le pense, je lui conseillai de ne jamais faire de distinction entre les clients. « Si vous ne pouvez pas faire pour l'autre ce que vous m'avez servi, ne le faites pas. Ne faire aucune différence entre vos clients fera votre différence. » Une attitude primordiale dans notre profession.

Le 2 avril 1966, le guide Michelin nous accordait une étoile, notre première étoile. Je dis « notre », car elle récompensait une union dans le travail et une réunion d'audace, de rigueur et d'honnêteté dans son exécution.

Un établissement ainsi honoré l'est pour sa cuisine, bien sûr, mais aussi pour sa tenue. C'est-à-dire la prise en mains du client, de son accueil à son départ : c'est la colonne vertébrale du restaurant, la cuisine en étant le cœur. Chasser l'improvisation, chérir la continuité, forcer la volonté.

Ce bonheur était tombé sur nous dans l'insouciance de notre jeunesse. On ne mesurait pas son importance. Mais faut-il être étoilé pour être heureux ? Dieu merci, non. Je préfère qu'il y ait des milliers de cuisiniers heureux sans étoile que des chefs malheureux avec des étoiles.

Ce n'est que bien plus tard que je réalisai le poids de cette distinction et tirai une certaine fierté de l'avoir reçue si jeune. D'ailleurs, je reste persuadé que mon voisin à Masevaux, L'Aigle d'Or, qui avait déjà une étoile, y est pour un petit quelque chose. L'inspecteur du guide qui le suivait avait été alerté par des clients communs sur l'originalité de ma cuisine, qu'ils estimaient de la même qualité que la sienne. Il avait en quelque sorte la référence, il pouvait constater par lui-même et conclure son impression par l'attribution de la même récompense.

Cette époque était encore empreinte de simplicité, sans cérémonial particulier. Les gens qui venaient manger au restaurant encourageaient un peu les galopins débutants qui étonnaient dans la vallée ; les bons crus ou classés étaient « débouchonnés » derrière le comptoir et la bouteille trônait ensuite sur la table. Il n'était pas rare que ce soit le client lui-même qui serve le nectar divin. Quand il ne le débouchait pas lui-même – comme le faisait un vieil habitué, M. Boileau. Si l'ordonnancement des salles restait réglementaire, le nappage précis et la disposition des couverts méticuleuse – c'est toujours cet exercice de style immuable qui est aujourd'hui encore appliqué –, il régnait une ambiance bon enfant, familiale.

J'ai vécu cinq formidables années à Masevaux, en perpétuelle euphorie, apprenant plat après plat à élever ma cuisine vers de plus lumineuses sensations. Mais je ressentais aussi le besoin d'un autre chemin, d'un nouveau défi. Mes parents m'avaient transmis le souffle, à moi de trouver mon rythme en gardant leur esprit.

DNA

Emile Jung devant « son » Crocodile en 1990.

CHAPITRE IX

Au Crocodile, d'étoile en étoile

Les ressources de Masevaux, de la vallée et du contrefort des Vosges, peu habité, restaient insuffisantes en clientèle locale ou de passage pour espérer développer l'affaire. Des travaux conséquents auraient dû être entrepris ou alors une nouvelle construction, sur les hauteurs, dans un environnement naturel. Nous étions à un tournant, il fallait choisir.

Strasbourg, l'école hôtelière de mes débuts, l'apprentissage à la Maison Rouge… autant d'appels à y tenter l'aventure, à y retrouver cette pierre rose de la cathédrale qui me touchait.

J'avais connu M. Schenck, propriétaire de 1953 à 1966 du restaurant Le Crocodile, qu'il avait cédé aux frères Hollender, non issus du milieu, bien que Bernard soit pâtissier. Ils avaient cependant réussi à maintenir quelque temps l'étoile déjà attribuée à leur prédécesseur et se défendaient avec une remarquable pugnacité pour maintenir le renom de l'établissement. Ils cherchaient quand même à vendre pour se consacrer à d'autres activités plus conformes à leurs aspirations.

Avec M. Schenck, que j'avais contacté, nous fîmes la visite de deux autres lieux : Zimmer et Le Gourmet Sans Chiqué. Ces deux derniers offraient la même configuration que celle de Masevaux, donc les mêmes contraintes que celles qui justifiaient notre « exil ». Le Crocodile s'imposait plus par une salle généreuse de volume, qui disposait d'un équipement fatigué, et un personnel adapté et compétent.

La décision coulait de source et l'acte fut entériné sans délai.

Le nom du Crocodile révèle une histoire, devenue légendaire. Le compagnon du général Kléber, un certain Ackermann, chasseur averti et habitué des contrées giboyeuses de la plaine d'Alsace, pratiquait aussi sa passion sur les bords du Nil. Il ramena d'Egypte son trophée, comme le voulait la tradition : un magnifique reptile amphibien de plus de trois mètres. Ayant acquis, à cette adresse, l'enseigne Le Café Viennois, il rebaptisa l'affaire du nom de cet animal qui impressionnait par sa taille et par l'imaginaire qu'il évoquait, et le suspendit au plafond, à l'endroit même où il est aujourd'hui. C'est l'original, quelques photos anciennes en attestant. Plus tard, j'installai une réplique à l'extérieur, en drapeau néon tout d'abord, puis en bronze.

Seul un rafraîchissement des peintures signifia le changement de propriétaire. Puis le passage du fourneau à charbon au gaz, qui lui-même fut remplacé par l'électricité. Ce n'est qu'en 1979 que j'entrepris un changement radical de décoration intérieure, réduisant de quinze places la capacité d'accueil et introduisant le tissu beige clair sur les murs, à la déception de quelques fidèles qui s'en étonnèrent ouvertement. Mais c'était le choix du décorateur, donc le nôtre, car nous lui avions fait entièrement confiance. Je fonctionne ainsi quand j'ai une conviction.

L'idée qu'il a eue de déplacer le tableau magistral qui ornait un mur latéral vers la partie centrale de la salle fit, elle, l'unanimité. Cela permettait de cacher, par une note joyeuse, l'office, qui servait de salle technique pour la vaisselle, la verrerie, le passage des plats, la préparation des vins.

Ce tableau d'Adolphe Grison, artiste et artisan suisse, date de 1874 et représente une fête de village significative de la vie communautaire d'autrefois : le maire arrive, accueilli par des enfants qui lui donnent une aubade en présence de leur instituteur, tandis que la fête foraine bat son plein (partie gauche) et que des villageois abusent du vin dans l'estaminet (partie droite).

L'œuvre, de composition classique pré-impressionniste, me rappelle un peu l'art qu'il faut traduire en cuisine, dans l'exécution et la composition d'un plat, en y mettant ses sentiments pour coller à la vie des produits.

Le premier jour de l'ouverture – que j'avais précipitée contre l'avis plus prudent de mon épouse – se fit après un « bouche à oreille » et une soixantaine de couverts nous attendaient dans l'excitation générale. J'avais gardé la totalité des effectifs et amené avec mes bagages Roger Bollecker, un cuisinier de Masevaux. Tout s'annonçait sous de favorables auspices, mais seul le passe-plat à cordes ne l'entendait pas ainsi, cassant le rythme du service. Une bonne dizaine de clients ne furent jamais servis, quittant, fort mécontents, le restaurant. Sont-ils revenus depuis ?

Les autres dégustèrent pour la plupart le menu à trente-trois francs comprenant en entrée une crêpe Petite-France (quenelle de brochets enveloppée d'épinards sauce à l'oseille), puis une pintade avec gratin de courgettes, enfin dessert soufflé glacé au kirsch.

Ce premier jour, malgré une organisation pas encore maîtrisée, j'étais heureux d'avoir été fidèle à ma cuisine et à son honnêteté. Je n'avais pas fait étalage de mon savoir-faire, j'avais modestement donné de la sincérité et de la vivacité.

Arrivé à Strasbourg en septembre 1971, je retrouvai dès 1972 mon étoile dans le prolongement du travail entrepris à l'Hostellerie Alsacienne de Masevaux et accédai à la deuxième étoile au cours de l'année 1975.

Quelques spécificités avaient changé nos habitudes, notamment le samedi soir qui affichait complet, contrairement à Masevaux, et la fermeture le dimanche en été, les citadins s'évadant de plus en plus pour cueillir la fraîcheur au plus près de la nature.

Les cuisiniers qui partageaient mon quotidien étaient exemplaires de rigueur et d'imagination afin que la qualité soit de tous les rendez-vous. Beaucoup ont fait une belle carrière : je pense à

Claude Sutter, de La Barrière à la Wantzenau, à Daniel Klein, aujourd'hui aux États-Unis après avoir repris Le Gourmet Sans Chiqué, à Luc Dameney, également à New York, à Virot, chef chez le fameux Vongerichten, à Gauthier, qui gravit tous les échelons dans son restaurant au nord de la France… Ils ont appris la sincérité et ont mis ensuite leur impétuosité au service d'une cuisine authentique, la leur.

La deuxième étoile était là, le restaurant changeait de décor et, plus que l'angoisse de perdre cette distinction, ce qui me préoccupait était de fixer la clientèle, la rassurer, la familiariser avec la cuisine et le nouvel agencement des lieux. L'investissement en temps et en financement pour rester au niveau de toutes les attentes était important. Il m'a sans doute laissé piétiner dans l'élan pour m'élever encore, bien que la troisième étoile ne fût pas une obsession.

Psychologiquement, moralement et matériellement, j'avais besoin de ne rien précipiter, de rester moi-même sans rechercher l'excès. De ne prendre aucun raccourci pour me libérer. Demeurer certain de la justesse de mes achats. Il n'y a en effet rien de pire pour un chef que d'ouvrir son réfrigérateur et de se dire : « Qu'est-ce que je peux faire avec ça ? »

Une troisième étoile, c'est plus une question d'homme, de caractère, d'audace, d'environnement et de moyens qui, par une curieuse alchimie, se retrouvent à l'unisson, en symbiose, en harmonie à un moment affectif de votre vie, quand les choses s'articulent naturellement entre elles.

Emile et Monique Jung en 1975, en compagnie de Bernard Epp,
alors directeur de l'établissement.

Elle arriva, tranquillement, en 1989.

Bernard Naegelen, inspecteur au Michelin, de passage huit jours avant la diffusion officielle du palmarès, m'avait courtoisement annoncé la nouvelle, me recommandant surtout, non pas de garder la confidentialité de l'information, mais de rester nous-mêmes.

A cette seconde, votre visage prend les couleurs de la fierté et de l'inquiétude dans un sourire de circonstance. La conjugaison des deux sentiments est bien plus difficile à assumer qu'à l'école. Là on vous donne un diplôme, ici on vous met sur un piédestal d'où il ne faut plus tomber.

Parfois, la nuit, je contemple le ciel étoilé. Je pense alors que les étoiles scintillent pour tout le monde. Et c'est bien ainsi.

CHAPITRE X

Le maître des plaisirs

Par votre travail, vous avez accédé à la « première division » du championnat des cuisiniers. Désormais, c'est la performance qui est exigée par ce public très particulier, qui collectionne ses visites aux trois-étoiles comme d'autres les papillons ou les stars. Ce n'est heureusement pas pour les épingler ou arracher un autographe, mais pour saisir dans leur palais des émotions et des étonnements qu'ils ne pouvaient soupçonner encore. C'était votre fond de jeu qu'ils connaissaient, c'est désormais votre style qu'ils veulent reconnaître.

Les gourmets sont intéressants à recevoir parce qu'ils vous stimulent plutôt pour maintenir l'excellence et pour parfaire votre environnement, pour être plus « pointu » : achats plus sélectifs, personnels plus appliqués… Votre troisième étoile ne souffre aucun laxisme et suppose une unité de valeurs.

Mais toutes celles et ceux qui, sans être ces « collectionneurs » ou des spécialistes, s'attablent occasionnellement au Crocodile sont tout aussi importants. Parce qu'ils sont dans la même quête de sensations et d'étonnement.

Parfois, certaines personnes me demandent si ma promotion a changé mon comportement. Je leur raconte alors cette petite histoire, presque une boutade, pour les convaincre que je suis toujours le même, mais que c'est peut-être le regard des autres qui a changé. Un monsieur, vieille figure du quartier, me croisait chaque matin en allant faire ses courses. Quand j'avais une étoile, il me disait un joyeux bonjour. Quand j'ai eu la deuxième, il me salua en portant la main au bord de son chapeau. Quand j'ai reçu la troisième, il m'honora définitivement d'un respectueux «Monsieur» en soulevant son chapeau!

Un chef – je n'aime pas l'adjectif grand, car il n'y en a pas de petit, tout au plus des mauvais – est un chef d'orchestre qui doit s'imposer sans relâche une discipline physique et mentale propre à lui faire exécuter la partition la plus fidèle. Elle n'est donc jamais répétitive, mais se renouvelle par touches. Pour rester au sommet de cet art, il faut s'entraîner, marcher avec son corps et dans sa tête, aérer son regard, élever son exigence. Cela passe par la permanence de l'effort, l'équilibre des temps. Ainsi, en cuisine, quand la brigade déjeune ou dîne avant l'arrivée des clients, le silence règne sans avoir été demandé, traduisant l'extrême concentration que chacun juge nécessaire pour assurer la meilleure finition. Un peu comme ces athlètes au départ d'une épreuve dont le regard semble absent. Parfois, ce silence semble religieux, comme si une messe s'entamait par un moment de recueillement pour évacuer les interrogations ou soucis personnels et se donner en toute sérénité à la communauté des clients. La cuisine crée des rites, mais ne doit en aucun cas s'identifier à un culte. Elle ne vénère que le plaisir.

En maître de la cérémonie qui va être partagée, je goûte de manière impromptue chaque sauce, car j'ai le palais vierge, contrairement aux sauciers qui exécutent trois ou quatre compositions simultanément. En plus d'une petite tape sur l'épaule pour marquer mon approbation, si une sauce manque de « chien », c'est à moi qu'il revient de la mettre en perspective, de lui donner son relief.

Chaque étape mérite donc l'attention et l'application du chef, car tout est structuré dans une cuisine et chacun y joue un rôle essentiel dans une création solidaire. Car l'équipe, par l'attitude du capitaine plus que par sa parole, vise à atteindre la plénitude de son art, chacun dans sa spécialité enrichissant le jeu de l'autre.

Le chef doit donc d'abord être un chef : celui qui dirige par l'exemple, qui sait communiquer son enthousiasme pour qu'on le suive, qui affiche de la sincérité dans ses gestes et de la générosité dans son enseignement. C'est un style qu'on épouse et un esprit qu'il insuffle.

Il est ensuite une référence qui doit donner de la perspective au chemin de l'autre, de passage ou fidélisé, pour l'amener à saisir, le moment venu, sa propre destinée. A l'interrogation donner la meilleure réponse. Car il n'y a pas de réponse sans question.

Emile Jung et sa brigade au Crocodile en 1987.
Derrière lui, le chef de l'époque, Claude Manet,
et à droite son cousin Didier Bitsch, apprenti.

Enfin, il est un déchiffreur de tendances et un ouvreur de pistes. Autrefois, la lecture de la cuisine le limitait à une forme d'expression. Désormais, par l'universalité des produits qui voyagent vite, au rythme et au nouveau goût des hommes, tout est presque permis, toutes les associations sont autorisées. Des épices inconnues, des piquants méconnus prennent les plats d'audace et excitent les papilles. Notre cuisine découvre le métissage et prend des couleurs. L'écriture classique est-elle trahie pour autant ? Non, elle libère le chef en le provoquant et en rompant ses habitudes.

Depuis bien des années, en complicité de cœur et d'esprit avec mes cuisiniers, j'ai laissé rêver ma cuisine et invité les clients à partir en elle. Des milliers de gens, connus ou inconnus, modestes ou fortunés, puissants du monde, têtes couronnées ou simples citoyens, ont partagé notre passion et notre amour de la table. Ils mériteraient tous d'être cités, car ils ont tous été à égalité d'émotions.

Que ce soit pour un mariage ou sa demande, une affaire ou sa signature, un anniversaire ou une rupture, un duo amoureux ou un banquet, par surprise ou par promesse, par plaisir ou par désir, ils ont tous été uniques.

Et ils le seront encore demain.

CHAPITRE XI

Le vocabulaire du vin

Le vin est le meilleur compagnon de la table. Fascinant dans sa robe, envoûtant dans son corps, éclatant au nez dans sa libération, il ouvre la voie royale du plaisir aux mets.

Enfant, j'étais fasciné par le vocabulaire fourni et fleuri de mon père pour en parler. J'aimais aller avec lui pour choisir un vin, toujours goûté en cave. Il l'offrait en carafe et les mots pour le chanter arrivaient aisément.

Installé aux fourneaux du père, je m'attachai à maintenir la flamme du vin du pays. Un homme, Jean Sigrist, m'avait initié aux vins de Bourgogne, avec une patience, une pertinence et une excellence rares. Je lui dois mes premiers vins de propriétaire sur la carte de mes débuts. Dans l'art œnologique, il est encore souverain.

Un jour, je rendis visite à Jean-Marie Stoeckel, qui organisait alors un concours des meilleurs sommeliers de l'est de la France et cherchait des candidats. Je lui montrai, pour recueillir son avis, ma carte, présentée comme le dessin d'un écolier de cours élémentaire, avec une écriture enfantine pour décrire et commenter chaque cru. Sous un aspect ludique, l'ensemble restait cependant très didactique. Il décida sur-le-champ – j'aurais pu dire sur le tonneau – de m'inscrire à cette épreuve. Je sortis premier du concours dans la catégorie des restaurateurs.

En 1973, nous décidâmes de créer l'association des sommeliers d'Alsace. Et Jean-Marie rejoignit l'équipe du Crocodile pour offrir, dix années durant, son talent et une très belle cave aux clients. L'année précédente, il avait gagné la finale nationale du meilleur sommelier… et un certain Émile Jung s'était retrouvé deuxième, dans la catégorie restaurateur. C'est un homme entier et enthousiaste, un Alsacien pur et dur qui défend corps et âme son Alsace natale et ses vins. Sa critique d'un vin était toujours fascinante, car il avait le souci du vrai.

Le vin tire sa force de la nature souveraine, la main de l'homme ne fait que l'accompagner. Même si elle a des sursauts, la nature cache ses secrets dans la grappe et l'homme s'évertue, dans un équilibre subtil, à en tirer la richesse. Comme un homme, le vin a son caractère : opportuniste, irritable, paisible, simple, complexe… Il ne peut se contenter d'interpeller l'homme, il doit affirmer sa présence. Il ne peut donc pas être ennuyeux. Quel qu'il soit, il mérite et trouve sa place, au moment choisi.

Comme l'homme, le vin reste un questionnement. Vous pouvez boire le même millésime tous les jours, il sera à la fois identique et différent. Car c'est un produit vivant qui évolue selon l'heure, la température, le lieu. Et quand le vin rencontre l'homme, un dialogue nourri les retient à table. Ils s'aperçoivent alors que chacun a les vertus de l'autre... et ses défauts.

CHAPITRE XII

Tout chef est un formateur

Le Crocodile aujourd'hui a toutes ses dents et mord dans la gastronomie avec la même ardeur, la même liberté et la même sincérité qu'à ses débuts, il y a trente ans. Sur ce chemin étoilé ont brillé des gens compétents, d'autres en devenir et beaucoup en formation. Transmettre le flambeau n'est pas d'actualité – j'ai tant de bonheurs et d'émotions à partager encore – mais communiquer ma flamme est sans doute l'exercice le plus important qui m'attend, bien que je le pratique depuis longtemps. J'essaie le plus possible de prendre une part active à cette mission en me rendant disponible, en multipliant les occasions de léguer mon expérience, par la parole, le geste ou les deux à la fois, quand les circonstances le permettent.

Quand je pousse ma mémoire à rechercher tous les élèves qui sont passés au Crocodile, j'en trouve beaucoup qui ont réussi à s'imposer dans le monde entier. J'ai parfois de leurs nouvelles. Je suis très fier d'eux… en espérant qu'ils le sont un peu de moi.

Dans les métiers de la gastronomie, où les exigences professionnelles sont si fortes, on ne soulignera jamais assez l'importance essentielle de la formation, notamment auprès des apprentis, nombreux en restauration. Ce n'est pas toujours facile. Car, après l'éducation inculquée par leurs parents et les connaissances acquises à l'école, je prends ces jeunes apprentis en troisième main, en quelque sorte. Sans compter qu'ils sont également imprégnés par tout un environnement de références, de réactions, de refus qui s'accélèrent, se chevauchent souvent, se contredisent quelquefois.

Dans le parcours de leur vie, je m'intègre comme un maillon. Je me dois, sur la corde qu'ils tendent d'un bout à l'autre de leur propre chemin, de faire un nœud, le plus solide possible, afin qu'ils n'oublient pas. Encore faut-il qu'ils soient réceptifs, demandeurs, prêts à apprendre. C'est toujours un cas de conscience de décider jusqu'à quelle limite on peut pousser, outre la transmission de la technique, celle de valeurs sociétales pour chaque individu de passage dans son établissement pour deux ou trois ans. Est-ce à nous de parfaire son caractère, de consolider sa personnalité ? Sans doute que oui. Par notre attitude journalière, mon épouse Monique et moi tenons à lui transmettre un message ineffaçable, celui d'une continuité de l'art de vivre, de manger, de recevoir à la française, de pérenniser une grande tradition de professionnalisme.

Ce n'est pas toujours facile, notamment en raison du rôle des parents. En effet, alors qu'avec les parents il formait autrefois une paire soudée et complice pour qualifier la scolarité de l'adolescent, le maître d'apprentissage est aujourd'hui de plus en plus isolé dans cette démarche.

Que faut-il, aujourd'hui comme hier, pour devenir un bon cuisinier? Un physique et un mental à toute épreuve, une bonne santé, la sincérité dans l'acte et la persistance dans l'observation. Au fond, plus de caractère que d'intelligence, beaucoup de détermination et de pragmatisme : le comportement du jour dicte souvent le résultat du lendemain.

J'ai pu régulièrement constater, au cours de visites amicales chez des confrères, que dans l'équipe de sept à dix cuisiniers qui s'activent aux préparatifs d'un déjeuner, il y en a toujours un ou deux qui excellent. Ça se voit, ça se sent immédiatement.

Et dans cette équipe de qualité, il y a toujours un apprenti qui « se colle » à eux pour épier, saisir, enregistrer le geste à maîtriser, l'attitude à parfaire, le détail à soigner. Par contre d'autres montrent peu d'intérêt, soupirs paresseux à l'appui.

Le temps me donne toujours à croire en l'homme. La richesse de cœur est de tout âge. Et ce qui ne prend pas une ride, c'est le respect. Le respect des règles est la base de tout l'enseignement. Dans la restauration sans doute plus qu'ailleurs, il convient de s'imprégner des règles les plus académiques, les plus conventionnelles, les plus rationnelles, de les assimiler et les appliquer dans toute leur rigueur. Après viendront, par un travail sans cesse renouvelé, la confiance et le style personnel. Et peut-être un rayonnement mérité.

Les règles élémentaires passent par des petits riens qui font une grande différence. A quoi bon chauffer des nouilles si c'est pour les servir tièdes comme je le vois trop souvent. Ou envoyer une soupe dans une assiette froide. Quand je prépare du café pour les éboueurs de service, je chauffe leurs tasses. S'ils ont une petite minute de retard, comme c'est bien souvent le cas, le café est resté chaud, comme s'il venait de couler.

Répéter, répéter sans cesse le geste. S'il est maîtrisé, quel que soit le restaurant où l'élève exercera, il émergera par sa technique, et sa cuisine, comme lui, s'épanouira. Il faut poursuivre son effort et continuer sa recherche. Le meilleur de soi peut sortir à vingt ans, à trente ans, à quarante ans… La perfection ne compte pas son temps.

Une de mes grandes joies professionnelles est de participer au jury du concours des Meilleurs Ouvriers de France, où les candidats cuisiniers, six cents en moyenne, sont chaque année plus nombreux, témoignant de l'attraction qu'exerce ce métier sur les jeunes par les belles perspectives qu'il offre.

Ce concours se déroule sur deux journées, dans une rigueur toute bénédictine, selon un rituel immuable. Chaque candidat présente tous les produits, à l'état brut, qu'il compte transformer et qu'il a lui-même achetés avec le plus grand soin. Puis, accompagné de deux élèves du lycée hôtelier, il s'installe aux fourneaux… pour opérer, accomplissant des gestes quasi chirurgicaux sous les yeux du jury attentif à la démonstration de dextérité dans

A l'initiative du ministre de la Culture, Jack Lang, une réunion de travail eut lieu en 1986 pour étudier la création d'une Ecole nationale des arts culinaires. Le projet n'aboutit pas. De gauche à droite : Gérard Vié, Emile Jung, Alain Senderens, Jean Ferniot, Jack Lang, André Daguin, Georges Blanc, Michel Guérard, Jacques Maximin.

la transformation des matières. Car il apprend, ce jury, toujours et encore, dans un silence complice, malgré la fièvre palpitante qui monte. Une intimité affectueuse le lie au créateur du jour, mélange de paternité, de tutorat et parfois d'admiration.

La sagesse veut que ce concours n'impose pas de *numerus clausus :* la décision de couronner un nombre indéterminé d'élus est collégiale, sur des critères objectifs. Si l'œuvre est réussie, le candidat mérite son succès. S'il n'y a que deux ou trois élus une année, l'épreuve suivante peut en révéler une douzaine. Et c'est bien ainsi.

Je me réjouis, dans ces concours comme partout ailleurs, de voir de plus en plus de filles ou de femmes entrer « en religion culinaire » où elles affichent des résultats remarquables. Car, autrefois, elles hésitaient à embrasser une carrière de cuisinière du fait de contraintes physiques particulièrement pénibles. Les fourneaux fonctionnaient au charbon et devaient être alimentés en permanence ; les casseroles de cuivre, manipulées avec célérité, alourdies de quantités d'eau, parfois quarante litres, entamaient beaucoup d'énergies et pouvaient épuiser. Sans compter la chaleur lourde, écrasante en été, qui les empêchait souvent de vivre harmonieusement leur féminité. Aujourd'hui, heureusement, l'électricité ou le gaz équipe les cuisines, des robots soulagent des tâches ardues, l'organisation est plus structurée, la clarté apaise… y compris les tensions.

Les femmes prennent donc une place significative dans la restauration, l'enrichissent de créativité, de rigueur, de persévérance, de ténacité et de sagesse. La femme en cuisine est très souvent juste et précise.

Parler de la femme m'amène à parler de l'enfant, de la transmission familiale. Je me suis souvent interrogé – Monique et moi n'ayant pas eu le bonheur d'en avoir – sur ce que j'aurais pu lui ou leur confier. Quel message, quelles valeurs, quels conseils ?

« Fais ce qu'il te plaît. Fais ce que tu veux. Les autres mesureront ton choix, ton geste, ton élan. Si tu exagères, ils te reprendront. Si tu es velléitaire, c'est que tu as peur de chercher un maître ou que tu cherches à l'éviter quand tu le vois. Ne sois pas solitaire, mais solidaire dans l'amitié. Si tu avances seul, tu te limites. Ouvre-toi aux avis et aux pensées de l'autre. Frotte-toi à la contradiction. Sois très curieux des progrès de l'homme et des leçons de la nature. Reste humble dans le succès et courageux dans l'échec. Ne te crois pas supérieur à l'autre : il pourrait l'être demain. Si tu rivalises avec autrui, c'est ta liberté de le faire, mais ne te surestime pas. »

Et sans doute qu'au fil de ses pas j'aurais trouvé les mots, peut-être maladroits, et la main sûrement ferme, non pour lui éviter de trébucher parfois, mais pour l'empêcher de tomber. Tomber dans le doute, la crainte, parfois dans le refus, quelquefois dans l'excès de tout. Bien des fois je rencontre des jeunes qui sont dans ces tourments, et dans l'isolement. Je ne peux que les encourager à croire malgré tout à l'autre, à ne pas abandonner, mais à s'abandonner dans l'autre pour édifier quelque chose avec lui, pour entretenir une lueur de bonheur.

Quand je parle avec tous les gens de mon quartier, les résidents comme les clochards, les commerçants comme les sans-domicile-fixe, je m'aperçois que chacun mérite un mot, une attention, un sourire. Je suis privilégié d'avoir réussi à vivre ma passion et je dois donc donner un petit bout de mon bonheur à celui qui veut en prendre.

Toute cette jeunesse qui mord l'instant à pleines dents, qui donne à croire que son temps est infini. A une jeune fille, pleine d'éclats de confiance dans les yeux, qui m'affirma : « Je ne calcule pas. J'ai l'infini devant moi », je répondis, levant les yeux au ciel : « Pour moi, l'infini est devenu mesure. »

Récemment, au cours d'un séjour en Egypte, un journaliste m'interpella au pied des Pyramides. « Devant ces cinq mille ans d'histoire, votre cuisine paraît bien éphémère, n'est-ce pas ? » Je lui répondis spontanément : « C'est vrai que cinq mille ans, c'est beau. Mais entre mon plat qui s'inscrit dans l'instant et ces cinq mille ans, il n'y a pas de grande différence ! »

CHAPITRE XIII

Cuisine-plaisir, cuisine-santé

Trop de gens mangent sans discernement, alors que d'autres se préoccupent de leur être, voire de leur paraître, et se nourrissent avec une certaine forme de réflexion pour rester en accord avec leur corps et dégager de leur esprit plus de vivacité. C'est une marque d'intelligence que de veiller à sa santé.

La fin du siècle a été marquée par des crises majeures dans l'alimentation, notamment celle du monde animal, et par une prise de conscience aiguë des citoyens sur leurs propres modes de consommation. Quelques groupes d'intérêts ont joué les apprentis sorciers par appât du gain en utilisant et recyclant les résidus des bêtes mortes, sans précaution aucune pour approvisionner sainement l'agriculture.

En qualité de cuisinier, je vois bien à quelle vitesse les déchets se transforment, de l'odeur à la puanteur en passant par la couleur qui vire du gris au vert. Comment des hommes ont-ils pu se rendre coupables d'une telle infamie : transformer des éléments nauséabonds – même passés à haute température, qui ne peut pas tuer des molécules ou des baciles se développant de manière anarchique – pour les commercialiser auprès du consommateur ?

Aujourd'hui, tout a progressé et s'est amélioré. Mais la vigilance doit se maintenir pour éviter de nouveaux écueils, car il y a toujours des tricheurs dans le monde. Le respect du produit alimentaire et l'hygiène de vie, sans parler des progrès prodigieux de la médecine, donnent de l'espérance. Mais tous les pays doivent en profiter et il est de notre responsabilité de surveiller chacun des maillons de cette chaîne, dans son travail, même le plus obscur. Et ceux qui sont dans la lumière de l'actualité doivent le faire sans doute avec plus de fermeté. Car la qualité sera de plus en plus au rendez-vous de l'alimentation, non seulement dans le produit, mais peut-être et surtout dans sa qualité gustative.

Aujourd'hui, la cuisine est devenue précision. Précision de l'horloger : la maîtrise du temps exact ; précision de la balance : le poids de chaque ingrédient ne peut être laissé au hasard ou à l'approximation ; précision du maître de la chaleur : la température est affaire d'extrême rigueur. Hier, on cuisait au doigt et à l'œil, aujourd'hui on pilote avec sûreté des instruments de contrôle qui permettent de donner à chaque plat le maximum de sensations justes.

Une des grandes révélations, j'aurais pu écrire révolutions, de la cuisine d'aujourd'hui est la fonction de la sauce dans tout plat : elle est plus typée, dépouillée et il y en a moins, beaucoup moins. Avant, son rôle était d'accompagner une viande ou un poisson généralement surcuit pour lui donner de la rondeur et de l'onctuosité. Maintenant, la cuisson d'une viande ou d'un poisson, grâce aux appareils tout en délicatesse de température, a gagné en précision et en justesse. On peut même se passer totalement de la sauce dans certains plats. Ainsi une volaille bien rôtie, un carré d'agneau, peuvent, selon l'accompagnement, se dispenser avec bonheur d'être entourés d'un jus. Ils se suffisent à eux-mêmes.

La sauce se crée plus courte, plus racée, pour se dispenser du gras et ne pas emprisonner les aliments. Il faut un soupçon de gras seulement pour fixer les arômes ou les parfums, mais un bon gras : beurre, huile d'olive, graisses de volailles (oie ou canard), qui sont les plus digestes, les plus onctueuses. Il faut traiter avec doigté, sans élever la température. Une des grandes forces du Crocodile réside sans conteste dans la sauce et l'assaisonnement. Au point que certains clients ont la faiblesse gourmande d'en solliciter un sérieux complément...

Le terroir retrouve aujourd'hui ses lettres de noblesse. Auprès du grand public en tout cas, car il est toujours demeuré seigneur dans la restauration de qualité.

Le fromage, heureusement, a maintenu sa tradition d'authenticité avec un artisanat exemplaire et volontaire. En Alsace, le munster a ses fidèles, voire ses irréductibles. Autrefois, il accrochait par son âcreté, sa violence. Aujourd'hui, affiné par des maîtres, il dévoile une délicatesse fleurie qui sublime son caractère. Il n'a pas toujours son rang dans la ronde classique des fromages, concurrence nationale

Transmettre le plaisir des bonnes choses : « journée du goût » en octobre 1997 à l'école de la Meinau à Strasbourg.

et européenne oblige, mais devrait se faire adopter s'il persévère dans la voie de la qualité d'aujourd'hui.

La cuisine du sud de la France, surtout celle de la Méditerranée ensoleillée, monte et gagne du terrain sur celle du nord. La cuisine alsacienne, tout en gardant son originalité, sa maturité et sa pugnacité, doit être interpellée par cette culture riche de couleurs, de parfums, de sonorités. Elle doit s'enrichir de quelques-unes de ces pépites pour se révéler plus joyeuse, plus tonique. Sans aucunement perdre son âme, mais en affichant son ouverture d'esprit.

La cuisine méridionale veut être bonne. Elle ne cherche pas à briller. Elle donne simplement du plaisir à être ensemble, à partager un moment de qualité.

Car il est loin le temps du repas en famille, midi et soir, à horaires réguliers autour d'un même plat et des mêmes gestes. Aujourd'hui, à l'image de la cellule familiale qui court après le temps, chacun de son côté, à distance opposée, en loisirs différents, la table est éclatée. Et c'est la recherche du repas de substitution, celui qui est facile, rapide… Je conçois parfaitement que pour calmer l'impatience d'un enfant, dans un contexte particulier, un hamburger puisse être une solution. Et même on peut en reprendre à l'occasion, mais alors de façon espacée, car toute accoutumance appauvrit les sensations. Si la fréquentation devient journalière, on risque de s'enliser dans l'uniformité et une paresse intellectuelle peut déclencher un mal-être, un mal-vivre.

Il vaut mieux au contraire ouvrir ses papilles comme ses yeux, en changeant de place, de hauteur pour voir autre chose, autrement. Il y a tant de possibilités, une telle palette de saveurs et de couleurs, que la volonté peut tout saisir pour découvrir, expérimenter. Un peu comme pour la lecture. Celui qui veut s'ouvrir à des formes, des genres, des styles différents peut dans n'importe quelle librairie trouver des livres correspondant à ses attentes, dans des collections de plus en plus abordables, piocher des rêves, des évasions, des sensations, des frissons, des enseignements en variant ses sources. Comme en cuisine, elles ne tarissent jamais.

Par curiosité, je suis allé un jour découvrir le McDo à quelques dizaines de mètres du Crocodile, avec ma veste de cuisinier. J'y suis retourné, non pour consommer, mais pour observer le matériel et son utilisation, et pour converser avec le personnel jeune et sympathique. A son grand étonnement et à celui de la clientèle, d'ailleurs de tout âge et de tout milieu. Ce qui m'intéressait plus particulièrement, c'étaient les procédés de fabrication, les huiles utilisées, les températures de cuisson. Et je me suis rendu compte que McDonald's a effectué des études précises et sérieuses sur la friture et la pomme de terre. J'ai pu m'ouvrir à quelques connaissances techniques au cœur des coulisses, en toute simplicité et avec un sourire. De plus, avec les quelques tickets offerts par la gérance, j'ai fait quelques heureux dans mon quartier, ceux qui cherchent encore leur nourriture dans la rue.

Depuis 1981, où j'ai découvert mon premier hamburger à New York, je constate que la technique s'est mise au service d'une meilleure qualité. Je regrette toujours pour ma part la mollesse des pains, mais qui s'adapte à toutes les latitudes, et préfère mon petit pain croustillant, même avec son défaut du soir, quand il «joue à l'élastique».

Est-ce une relation de cause à effet? Toujours est-il que la cuisine française s'est judicieusement libérée de certaines conventions qui pouvaient peser sur sa créativité au moment où se développait la critique gastronomique, qui a fondu sur elle comme un oiseau de proie. En 1965, Gault et Millau créaient une rubrique dans un quotidien parisien pour présenter des sites de caractère historique en province afin d'inciter à les découvrir. Deux ou trois restaurants faisaient l'objet de commentaires. Devant le succès de cette chronique, un magazine, recueil de leurs investigations, vit le jour. L'information s'avérait pertinente, le restaurateur valorisé, l'histoire gagnante.

Ces deux journalistes innovèrent en donnant aux établissements des notes en points et demi-points, pour établir des classements de plus en plus pointilleux. Alors que d'autres guides, comme le Michelin, le Pudlowski, le Bottin Gourmand... accordent des étoiles ou des symboles qui traduisent des séries, des familles, des tendances qui donnent du sens et de la perspective à l'appréciation sans la rendre par trop catégorique.

Je vois bien la difficulté que j'ai dans des concours à attribuer une note. J'ai encore plus de peine à la justifier. Le client n'a pas besoin d'un carnet de notes pour savoir et sentir si un restaurant a des qualités, même à venir. Il s'approprie un esprit ou le rejette, sans états d'âme. Pour y revenir, ou pour le fuir. Et pourtant les deux compères Gault et Millau avaient manifestement contribué à démocratiser la gastronomie française.

Certains s'étonnent de voir quelques chefs étoilés signer des recettes pour des plats cuisinés, distribués dans le commerce de masse. Je ne m'offusque nullement de cette orientation, car ces chefs imposent un cahier des charges rigoureux à des marques bien installées dans le paysage agroalimentaire et enrichissent la qualité et la variété des produits en y mettant une touche personnelle incontestable. Et il y a des consommateurs pour les acheter, sans doute assurés d'y trouver un supplément de plaisir… et de prix. Pour ma part, bien que sollicité, je n'ai jamais collaboré à cette forme de restauration, notamment parce que les recettes qu'on me demandait de finaliser ne me convenaient pas.

Manger avec mesure, varier son alimentation, respecter des rythmes : voilà la meilleure recette pour se garder en bonne santé. Et il ne faut pas croire que les plats régionaux traditionnels sont à bannir. Par exemple, pour la cuisine alsacienne, je ne crains pas de recommander le boudin aux pommes, la choucroute pour les vertus vitaminées et minérales du légume, le baeckeofe, le sandre au riesling, les cuisses de grenouille, le presskopf comme charcuterie et comme dessert la tarte à tous les fruits délicieux que la région donne à cueillir généreusement, la fraise, la framboise, la mirabelle, la quetsche, les baies sauvages… Je recommande aussi certaines épices qui mettent en valeur une pièce, comme le carvi ou cumin des prés, la muscade, la cannelle, le thym, le laurier, le poivre, le clou de girofle… sans oublier le munster ou les petits fromages de chèvre, fabriqués aujourd'hui en Alsace et d'une qualité comparable à ceux du Lyonnais. Et pour illuminer ces mets, les vins d'Alsace, aux cépages exceptionnels et toujours mis en bouteille sur l'aire de production.

Tout le monde connaît ce jeu-question : si vous partiez sur une île déserte, quel objet emporteriez-vous ? Je réponds pour ma part sans hésiter : une casserole. Et je réinventerais une cuisine locale.

CHAPITRE XIV

Les vastes horizons du monde

En écrivant ces pages, j'ai déroulé le film de ma vie à cœur et pages ouverts. J'ai voyagé dans ma mémoire, fait quelques longues escales. Mon métier m'a donné d'heureuses possibilités de quitter quelquefois mon piano pour découvrir d'autres sonorités, au rythme d'escapades culinaires dans nos belles provinces et de périples gastronomiques dans bien des pays de cette bonne vieille Terre.

J'ai aéré mon esprit, saisi des cultures, retenu des visages, détenu quelques secrets. J'ai gardé ma jeunesse de cœur en me confrontant aux autres et j'ai des souvenirs à feuilleter, quand la ville se fait triste de pluie et que vagabonde l'envie d'évasion.

Les Jeux olympiques d'hiver, à Albertville, en 1992, m'ont donné à vivre une intense quinzaine professionnelle en compagnie de grandes toques d'Alsace, sous une tente exceptionnelle : mille couverts à servir par jour, une organisation quasi militaire regroupant cent soixante personnes. Je me souviens du premier petit déjeuner pris entre nous très matinalement avant les grandes manœuvres. Faute de fours suffisants, il n'y avait pas de viennoiseries pour accompagner les boissons chaudes. Je m'étais auparavant inquiété de ce léger problème et avais, seul, fait le tour des boulangers et épiciers locaux pour acheter pains, beurre et confitures. Ce fut un succès, dans une convivialité tranquille, toute l'escouade a collaboré dans une fraternelle unité pour le meilleur de notre cuisine. Et pour le pire aussi : la veille au soir de la clôture des Jeux, je m'étais fracturé la cheville en glissant malencontreusement sur le chemin de mon hôtel. Mais, là encore, la solidarité joua à plein : deux ambulanciers me ramenèrent dans la nuit à Strasbourg, pour y être soigné près de mon lieu de travail, et – après une rapide pause gourmande au Crocodile – repartirent sans délai pour assister aux cérémonies de clôture.

Une autre fête me procura une immense émotion, dans le cadre restauré d'une galerie et de la chapelle royale du château de Versailles. Une soirée prestigieuse avait été organisée sous les lambris d'or de la salle des Batailles, un festin grandiose concocté par Jacques Lameloise, Potel et Chabot et moi-même, au profit d'une œuvre de bienfaisance. J'étais évidemment dans une intense activité qui m'empêcha d'assister au concert d'après-souper.

J'y tenais particulièrement, car l'orgue – mon instrument préféré – avait été totalement rénové par Bertrand Cattiaux, un facteur réputé. L'orgue me fascine depuis mon enfance. Parce qu'à Masevaux, un certain 27 juin 1966, j'ai assisté à la destruction de l'instrument de l'église dans un incendie qui ravagea tout l'édifice à la suite de la négligence d'un ouvrier appelé à colmater des fuites sur la toiture. Un éclat de soudure peut briser une architecture et ses trésors. J'ai tiré de ce désastre une tendresse infinie pour cet instrument. Plus tard, après la remise en état du lieu saint, de nombreux concerts enflammèrent – le verbe est pertinent, tant la virtuosité de Marie-Claire Alain était remarquable – les amateurs de musique sacrée, plus nombreux chaque année. Cette organiste exceptionnelle confiait même que, pour elle, l'orgue de Masevaux était « sa Ferrari ».

Je me fis donc un point d'honneur de me renseigner auprès de Jean-Paul Gousset, directeur des théâtres de Versailles, sur le chantier qui avait permis ce miracle, lui narrant au passage le triste épisode de mon enfance. Attentif à mon récit, avec un sourire malicieux au coin des lèvres, il m'avoua avoir été présent à Masevaux le jour même de l'incendie. Le hasard fit bien les choses : il m'emmena après une heure du matin, par les souterrains du château, dans la chapelle redevenue silencieuse. Là, pendant une demi-heure, l'organiste, Etienne Baillot, joua pour nous deux, interprétant avec maestria mes morceaux préférés dans un recueillement et une joie intérieure sans limites.

Il m'est arrivé très souvent de franchir les mers et les océans pour porter la bonne parole de la gastronomie française, profitant des bonnes connaissances de la langue anglaise que, depuis vingt ans, à raison d'une séance hebdomadaire assidue, me prodigue Pierre Wersinger. Sur mon carnet de bord,

Octobre 1996 à Singapour : visite à un élevage de… crocodiles.

j'ai griffonné quelques destinations qui m'ont marqué, quelques réflexions qu'elles m'ont inspirées.

Le premier voyage, en 1986, me fit découvrir New York à l'initiative du Conseil régional d'Alsace avec dix-neuf chefs alsaciens pour officier dans vingt restaurants différents, dont le Plazza Athénée qui m'accueillit. Puis le Japon à plusieurs reprises où notre cuisine bénéficie d'une aura éblouissante, la Thaïlande à L'Oriental de Bangkok, hôtel incontournable pour les toques françaises, Hongkong et Singapour. Plus récemment le Brésil, Berlin au somptueux restaurant de l'hôtel Adlon, puis le Canada et l'attachant Québec.

New York, nonchalante en apparence, m'a étonné par son silence, malgré une foule compacte, une circulation dense : seules les sirènes des voitures de pompiers ou de police vous tirent d'une ambiance ouatée où chacun semble s'obstiner à vivre individuellement, à survivre, à vaincre.

Le Japon est une île de cohésion où tout le monde semble se connaître et fait montre de courtoisie, déférent devant la hiérarchie. L'Extrême-Orient en général, d'ailleurs, m'a paru rester hermétique pour l'Européen, tout reste à distance et les communautés se soudent entre elles sans donner prise. Il est vrai que la méconnaissance des langues rend distant.

A Singapour, sur la façade de l'hôtel Hilton, une affiche géante me représentait avec l'enseigne du Crocodile. Une jeune femme, d'origine chinoise, me demanda à la réception. Sa famille avait deux fermes de crocodiles, plus de dix mille têtes. Après quelques politesses, je lui demandai, en échange d'une invitation à Strasbourg, de les visiter. Un moment intense, entrecoupé d'un déjeuner dans un restaurant chinois pour déguster, bien sûr, du crocodile. Je compris un peu plus tard la raison de sa visite : l'instinct commerçant. Elle voulait me vendre de la viande et de la peau de crocodile. Devenue avocate, elle eut l'amabilité de venir dans la capitale alsacienne et avec délicatesse et fermeté me lança : « Emile, n'oubliez pas nos crocodiles : leur viande et leur peau sont à vendre… »

Peut-être que dans de très lointaines années j'étudierai la question de créer des plats à base de crocodile. La recette du ris de veau correspondrait sûrement à cette viande.

Au Brésil, j'ai débarqué innocent et serein. La violence latente qui rôde vous tenaille aussitôt et vous rend méfiant de tout. C'est quelque peu intenable et dommageable, car le Brésilien est accueillant, chatoyant. La femme est belle, ondulante, mais à mon retour j'ai pris plaisir à constater que les jeunes femmes strasbourgeoises correspondaient davantage à mes critères de la beauté…

Bien d'autres villes aussi m'ont tendu leurs bras chaleureux, chacune avec son charme, son éclat, son mystère, son métissage. Difficile de distinguer l'une plus que l'autre : elles vous happent toutes dans une ambiance unique faite de séduction, de contradictions, de confrontation, s'offrant comme par magie sans pour autant s'abandonner, comme une invitation à une prochaine rêverie, le temps pour elles de se refaire une beauté. C'est vrai qu'elles s'embellissent de plus en plus, toutes ces cités universelles, comme des courtisanes rivales, pour étonner leur monde…

Berlin, Londres, Los Angeles, Montréal, Québec… mais aussi des bourgades insolites, des villages pittoresques, des contrées reculées qui m'ont simplement dévoilé la fraîcheur d'une source, la douceur d'une sente, la splendeur d'une colline, la vigueur d'un arbre.

A évoquer tous ces pays ensoleillés, j'en oublie la Suède, où j'ai découvert un hôtel décapant, à Jakusjarvick, avec quarante-huit chambres sur un même niveau, un patio et une chapelle, l'ensemble à moins dix degrés. Un silence magnifique vous accompagne dans votre nuit, entre une armoire, un poêle, un fauteuil et votre lit, le tout sculpté… dans la glace, et bien au chaud dans une combinaison…

J'ai vu beaucoup et peu de choses à la fois, mais toujours avec curiosité et délicatesse, sans jamais forcer une porte fermée. Et je suis toujours prêt au départ. Mais sans doute que le pays où j'aimerais partir longtemps est celui où règne la plus grande chaleur.

La plus grande chaleur humaine, bien sûr.

CHAPITRE XV

La bonne aventure de la vie

Avant de refermer ma valise aux souvenirs, je voudrais encore évoquer deux ou trois centres d'intérêt que je pratique en dilettante, quand le fourneau m'a libéré de ma passion et qu'un avion ou une cérémonie ne m'attendent pas.

J'aime le cinéma, la littérature et les arts plastiques.

Deux films magiques m'émeuvent toujours: *Certains l'aiment chaud* et *Les Quatre Cents Coups,* qui montrent des acteurs déterminants qui bousculent la conscience pour mieux nous la faire retrouver après le traditionnel « Fin ». Et puis aussi une leçon: les méchants ne sont pas aussi méchants que cela. Il y a donc de l'espoir dans la relation humaine et de la tolérance à travailler.

Les livres aussi sont vivants: j'y recherche, bien plus que la narration, la force, la couleur, la saveur d'un style. Je m'ouvre à toutes les formes d'écriture, sans compter la délectation que me procurent les ouvrages d'art. Il m'arrive régulièrement de relire quelques œuvres. Avec les années, la perception n'est plus la même: je reçois différemment la révélation ou la confirmation d'une idée, d'une philosophie, d'une analyse.

Parmi mes préférés : *L'Education sentimentale* de Flaubert, pour le côté inachevé des personnages. Sa lecture me convainc toujours qu'il faut aller au bout des choses, de ses actes, de ses choix. Et *Une vie, un siècle* de Jean Guitton pour trois dimensions : le doute, le martyre et le mystère. Ne pas douter de soi, donc croire en ses potentialités, accepter que l'autre ne vous comprenne pas, admettre le mystère plus que le néant. C'est vrai dans sa vie personnelle où il faut se persuader d'avancer, forger sa certitude et se bâtir sa foi.

Cette conviction me rappelle une rencontre. C'était au début de l'hiver. Devant le Crocodile, une bohémienne, accompagnée d'un enfant, me demandait l'aumône. Je les installai au restaurant, le temps de leur préparer un café et un chocolat et de leur chercher quelques pièces de monnaie. J'ai interrogé la femme pour savoir si elle disait la bonne aventure. « Oui », me répondit-elle en me posant son enfant sur les genoux. Elle prit ma main. « Monsieur, vous allez avoir soixante ans au printemps. Vous ne fêterez pas votre anniversaire avec votre famille et vos amis. Ce sera dans une région où les gens ont également un accent, plus fort qu'en Alsace et chantent plus fort aussi, plus mélodieux. Je vois une belle région, avec des montagnes encore couronnées de neige, une végétation luxuriante, des glycines qui grimpent aux maisons, des pruniers mauves, des amis chaleureux. »

Le 2 avril, jour de mon anniversaire, j'étais à Pau, accueilli par des Béarnais et des Basques avec un groupe de copains de l'association Saveurs de France. Lors du déjeuner, ils m'ont couvert de cadeaux puis m'ont invité à discourir. Je leur ai raconté trois histoires.

La première pour leur expliquer l'origine de l'expression alsacienne «Français de l'intérieur»: en 1648, l'Alsace était devenue française mais la frontière économique – la douane – avait été laissée sur les Vosges pour ne pas pénaliser les manufactures alsaciennes; les produits qui venaient de France étaient donc «de l'intérieur» puisque l'Alsace était économiquement «à l'extérieur».

La deuxième histoire – c'était leur fête du Maïs, ce jour-là – illustrait les surprises dues à une mauvaise compréhension linguistique. Pendant la première guerre mondiale, la France avait demandé une aide alimentaire en blé aux Etats-Unis. Mais en raison d'une erreur de traduction, elle avait reçu du maïs: la demande avait porté sur du *corn*, mot anglais qui désigne le maïs et non le blé.

Et la troisième, sans révéler son origine, narrait en détails ce qui s'étalait sous mes yeux depuis mon arrivée et qui vibrait d'une même harmonie, la traduction exacte de la version originale de la bohémienne. Je conclus en disant: «Je crois à la bonne aventure. Je la vis avec vous, ici, mes amis.»

Quand l'occasion m'en est donnée, je m'engouffre dans les musées ou Salons d'art contemporain, sources permanentes d'étonnements et havres de réflexions. Je m'attarde volontiers devant une peinture, me laisse apprivoiser par la sensibilité qu'elle étale par couleurs uniques, par formes, par mouvements. Elle me parle, mon œil écoute, mon imagination prend son âme. Je suis particulièrement attiré par cet art qui crée un climat de connivence subtile et forte, où je me retrouve, où je me trouve. Une compréhension s'installe, un enseignement s'ouvre, sans a priori.

Parmi les peintres, je suis impressionné par Van Gogh, Cézanne, Manet, Monet, Fernand Léger, Tanguy et Pollock. Ils ont adopté un style, persisté dans ce style par lequel ils sont reconnaissables entre tous.

Dans la composition d'un plat, le chef applique parfois la même technique que le peintre pour créer une harmonie. Il construit son assiette en y mettant une symétrie, par un carré, un triangle, un trapèze ou un rond ou toute autre forme géométrique, entre les éléments. C'est l'assise. Puis il apporte une note de fantaisie en parsemant quelques herbes fraîches et épices colorées, comme si elles étaient apportées par le vent dans une folle liberté. Apportant un soupçon du désordre de la nature. Mais cette nature est ordonnée dans son chaos. Elle exulte de gaieté.

Je m'aventure parfois à imaginer ce qu'auraient pu créer en cuisine ces « chefs de la couleur ». Sans doute de la luminosité et de l'audace, de la vivacité et du métissage.

Cela m'évite de penser à l'angoisse que je pourrais éprouver devant une toile blanche. Je préfère alors remettre ma veste blanche d'artiste étoilé…

Monique et Emile Jung à Noël 2000.

CHAPITRE XVI

L’apprentissage du bonheur

Je vous ai invité sur mon chemin, tantôt à pas de loup, tantôt à pas mesurés, tantôt à pas de géant, mais j’espère sans faux pas. J’ai révélé mes souvenirs, ma passion, faite, comme ma cuisine, de sincérité et de générosité.

Elle m’invite au dépassement de soi et à l’amour de l’autre.

Elle m’appelle à l’humilité dans le succès et au partage de la connaissance.

Elle m’apprend à respecter la règle et à éclairer un horizon nouveau.

Mes parents m’ont donné les meilleures leçons de bonne conduite de ma vie. Mes maîtres se sont fait un devoir de me garder dans la bonne direction. Monique, attentive et attentionnée, maintient avec bonheur notre bonne tenue sur la route des sens gourmands, toujours en éveil.

Mon Crocodile a trente ans en ce mois de septembre 2001. Trois cent soixante mois de complicité, de majestueuse connivence pour fêter la table.

Mais, je dois bien l’avouer, le crocodile n’est pas mon animal de prédilection – j’ai plutôt un faible pour le labrador et le moineau qui siffle sur sa branche.

Moi et mon crocodile naturalisé, suspendu dans l'entrée du restaurant, nous nous sommes habitués l'un à l'autre, en nous gardant mutuellement à l'œil. Seules les années ont tanné un peu plus notre peau sans jamais durcir l'honnêteté de notre cuisine.

Comme dans un vieux couple, je cherche encore à ce qu'il m'étonne et à le surprendre.

Récemment, j'ai eu des nouvelles de ses ancêtres et sans rien lui dire suis allé les rencontrer en Egypte, berceau de sa famille.

Avec d'éminents égyptologues et en compagnie de quelques proches, dont Irène Frain, j'ai suivi leurs traces du Caire à Alexandrie. C'est là que j'ai pu m'entretenir, face à face, avec l'aïeul du clan, magnifique de puissance : Sobek, vénéré comme un dieu. A un point tel qu'il reçoit ses invités et visiteurs dans un musée. Il me raconta ses combats pour survivre, ses ruses pour chasser. Il me confia ses plats préférés. Sous un aspect glouton, c'était un gourmet. Il m'initia à quelques recettes culinaires du pays des pharaons. De retour auprès de mon Crocodile strasbourgeois, après l'inévitable évocation nostalgique de sa terre et de sa tribu, je lui proposai de perpétuer la coutume en honorant notre cuisine des saveurs exotiques et originales des rives du Nil, histoire de le baigner dans ses souvenirs.

Ainsi, continuera-t-il à veiller jalousement sur mes fourneaux pour faire durer le plaisir.

Peut-être un peu poète, peut-être un peu rêveur, sous la protection divine de mon ami, le seigneur des mangeurs, je suis heureux.

Comme un chef, la tête dans les étoiles. Pour l'éternité de la gastronomie.

Table

Achevé d'imprimer sur rotative
par l'Imprimerie Darantiere à Dijon-Quetigny
en septembre 2001

Dépôt légal : septembre 2001
N° d'impression : 21-1007